U0918275

1分钟超强聊天术

One-Minute Tips for Effective Chatting

[日] 石井贵士 著

商倩 译

中国水利水电出版社

www.waterpub.com.cn

·北京·

内 容 提 要

在现代社会中，苦恼于“不善言辞”的人越来越多。有些人与人聊天时总是容易冷场，很难聊下去。相反地，有些人不需要怎么努力就能谈笑风生，好像永远都有聊不完的话题。

说话技巧不是与生俱来的，而是可以通过后天习得的。本书可以帮助不善于说话、容易聊天冷场的人，通过1分钟的闲聊，与对方建立起信赖关系，进而成为聊天高手，塑造出一个全新的自己；会聊天的人也可以借由本书的方法更进一步地提高自己。学会1分钟内拉近彼此关系的聊天策略，将会开启事业顺利、感情美满的美好人生。

北京市版权局著作权合同登记图字：01-2017-5363号

图书在版编目（CIP）数据

1分钟超强聊天术 / （日）石井贵士著；商倩译. -- 北京 : 中国水利水电出版社，2017.11（2021.6重印）

ISBN 978-7-5170-5851-9

Ⅰ. ①1… Ⅱ. ①石… ②商… Ⅲ. ①语言艺术－通俗读物 Ⅳ. ①H019-49

中国版本图书馆CIP数据核字(2017)第230308号

策划编辑：杨庆川　　责任编辑：张玉玲　　加工编辑：张天娇　　封面设计：张佩战

书　　名	1分钟超强聊天术 1 FENZHONG CHAOQIANG LIAOTIANSHU
作　　者	［日］石井贵士　著　商　倩　译
出版发行	中国水利水电出版社 （北京市海淀区玉渊潭南路 1 号 D 座　100038） 网址：www.waterpub.com.cn E-mail：mchannel@263.net（万水） sales@waterpub.com.cn 电话：(010) 68367658（发行部）、82562819（万水）
经　　售	北京科水图书销售中心（零售） 电话：(010) 88383994、63202643、68545874 全国各地新华书店和相关出版物销售网点
排　　版	北京万水电子信息有限公司
印　　刷	三河市九洲财鑫印刷有限公司
规　　格	145mm×210mm　32 开本　6.5 印张　95 千字
版　　次	2017 年 11 月第 1 版　　2021 年 6 月第 3 次印刷
定　　价	39.00 元

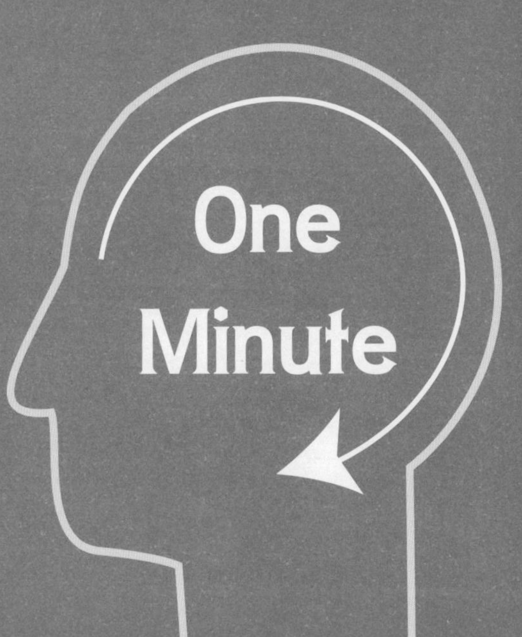
One
Minute

One
Minute

目录 Contents

第二章 闲聊就是要“不合常理”

第三章 1 分钟聊天术的四大基本原则

第四章 向播音员学习闲聊技巧

第五章 产生信赖感的应和技巧

第六章 轻松获得对方信任的共鸣技巧

第七章 职场上的“1 分钟聊天术”

前言

1分钟聊天术，让你秒变聊天高手

有些人与人聊天时，总是容易冷场，很难聊下去。相反，有些人不需要怎么努力，就能够谈笑风生，好像永远都有聊不完的话题。

是什么导致了如此巨大的差异呢?

有些人将其归咎于与生俱来的才能，认为自己“天生不擅长与人说话”。当然，如果与艺人明石家秋刀

鱼先生[①]那样口才突出的人相比，感觉有“天赋差异”的想法是可以被理解的。

但是，我们没有必要与最顶尖的艺人相比。我们只要跟“昨天的自己”相比，哪怕每天只有一点点的进步，就足够了。

如果说话的能力能够今天比昨天进步一点点，明天比今天进步一点点，那么几年后，你就会成为难以想象的口才高手。达到明石家秋刀鱼的水平或许很有难度，但是“能够愉悦地聊天”“被人赞许口才好”这样的水平，只要经过训练，任何人都能够达到。

说话技巧不是与生俱来的，而是可以通过后天习得的

即便现在的我，在青少年时期也曾几乎不与他人说话。因为在初中、高中、复读时期，我都整天专注于学习和考试。当时，我对父母说“如果朋友打电话来，就帮我回绝掉”。与朋友通电话，5分钟、10分钟

---

① 明石家秋刀鱼：本名杉本高文，是日本的落语家（类似于中国的相声演员）、搞笑艺人、演员、主持人。

的时间一转眼就过去了。我觉得有打电话的时间，还不如去背英语单词。

全力学习和准备考试，断绝所有交际，这就是我的求学时代。

听音乐的话，就算只听一首歌也会浪费至少5分钟时间，所以我拒绝一切音乐。看电视也是，1小时、2小时的时间一不小心就溜走了，所以也尽量不开电视。至于收音机，我甚至都不曾动过开关键。不买音乐CD、不看电视、不听广播，我就这样度过了7年。

我完全没有想过自己会成为电视台的播音员。是的，直到大学二年级那个圣诞节的夜晚……

新闻主播逸见政孝先生的去世让我立志成为播音员

那是大学二年级时圣诞节晚上的事情。电视里正播放着新闻，忽然电视屏幕显示出一条快讯“播音员逸见政孝先生因癌症医治无效于东京都内的医院去世”。

那一瞬间，我竟然情不自禁地落下眼泪。“为什么像逸见政孝先生这么好的人就这样死了呢？我还一直想成为像逸见政孝先生一样的人呢！”

当时，主播许多电视节目的逸见政孝先生是我的偶像。

据说，逸见政孝在高中三年级的时候被女朋友甩了，他为了让女朋友刮目相看，才决定成为电视播音员。

逸见政孝高考落榜后，通过复读考入早稻田大学戏剧系。他加入了播音研究会，每天都埋头于体育赛事实况转播的练习。逸见政孝克服了关西口音，用四年的时间练就了一口漂亮的标准日本语，在播音界被称为“啃过发音词典的男人”。其后，他如愿以偿地进入富士电视台，成为晚间新闻的播音员。

他奋斗的过程令我极为佩服和憧憬。他通过努力，考入了早稻田大学；他通过努力，克服了关西口音，成为了一名播音员。

当时的我，没有朋友，默默无闻，为了升学考试埋头苦读。

努力不会背叛你，只有努力，才能开创人生的新局面

逸见政孝是真正实现自己理想的人。可是，这位我如此崇拜的先生却这样去世了。

整个晚上我一边流泪一边思考，最终作出了决定：“既然我最尊敬的逸见政孝先生是一名播音员，那么我也要立志成为一名播音员。”曾经说不好标准日本语的逸见政孝先生能够成为一名优秀的播音员，那么从不与别人交谈的我应该也能够成为一名合格的播音员。

从不与别人交谈的我立志成为电视台的播音员

“播音员？快省省吧。

你跟别人说过话吗？没有吧。

你跟朋友聊过天吗？没有吧。

你看过电视吗？没有吧。

你听过收音机吗？没有吧。

你看过体育转播吗？没有吧。

你听过音乐吗？没有吧。

这样的你，是不可能成为播音员的！”

最了解我的母亲就是这样对我说的。

大学一年级的时候，我曾经因为连和田秋子是谁都不知道，而被同一个网球小组的女生嘲笑。在日本家喻户晓的歌手我都不知道，甚至我连当时最火爆的乐队TM-NETWORK，还有小室哲哉的名字都没有听说过。没有朋友，也完全没有兴趣与人说话……这些事，母亲对我最为了解。

“你完全没有可能成为播音员。”母亲对自己的这一结论非常确定。她说：“播音员本身就要求是性格开朗的人。播音员是与人说话的职业。因此，只有善于与人说话的人才能成为播音员。”

母亲的话实在太有说服力了，以至于我无言反驳。但是，我心意已决。我要在逸见政孝先生死后成为一名播音员。不论我的起点有多低，我都决心要成为一名播音员。

逸见政孝先生去世的第二天，也就是12月26日，我一个一个地给播音学校打电话，获取了他们的宣传材料。其中正好遇到一个1月16日开课的学校，于是我决定到那家学校学习。

应聘27家电视台终被录用，开始了我的主播之路

通过去播音学校学习我明白了一件事，那就是“我真的不适合做播音员”。就连最简单的天气预报稿“今天，天气晴”我都无法完美地读出。“那个，今天天气停。”不是卡顿，就是发音不准，将“晴”读作“停”。

我基本不再去大学学习，整天闷在家里，每天一遍一遍地读播音稿进行练习。在自由发音的时候，我从“哎、啊、呜”等日语最基本的发音开始练习，通过反复训练，我能开口说话了。

我在神宫球场的挡球网内，一边观看棒球比赛一边大声说“投手投出了第一个球”……这种练习，我进行了一次又一次。

北到北海道，南到冲绳，我参加了日本所有招聘播

音员的电视台的招聘考试。应聘时，在大多数电视台的第一场考试中我就落选了。在我正要放弃的时候，第27家电视台录用了我，使我成为了一名播音员。350人应聘，只录用1人，那个人就是我。

努力不会背叛你，只有努力才能开创人生的新局面。

我终于从事了与逸见政孝先生相同的职业，终于能够和他站在相同的起跑线上。

“闲聊”决定播音员受欢迎的程度

仅就“读稿”这件事来说，有100个播音员就有100个人能够正确地读出来。但是，同样是“读稿”，有的播音员就深受观众喜爱，而有的播音员连名字都不曾被人记住。

是什么产生了这样的差别？那就是“闲聊的能力”。

会闲聊的播音员能够获得观众的共鸣。不会闲聊、只会读新闻稿的播音员就无法获得这种共鸣，也就无法将观众变成自己的“粉丝”。

事实上，播音员是不能通过公共电视台表达自己的意见的。因为播音员的意见往往被误认为是电视台的公开表态，因此播音员被禁止表达自己的主张。

即便如此，“闲聊”却是可以的。

通过谈论不疼不痒的话题，能够获得听众的共鸣，受到他们的欢迎，这就是电视台播音员的技巧。

对我来说，5年的播音员生活，就成为我日常训练聊天能力的场所。

能闲聊1分钟，就会受人欢迎

只要能闲聊1分钟，就能够获得对方的共鸣。这样一来，也能吸引对方倾听你之后的谈话。

“今天天气真好啊。那么，我们今天要说的是……”这样的开场白称不上闲聊。

闲聊不是一句话，而是要1分钟左右的交流。

10秒钟的闲聊不能算是闲聊，只是社交辞令。

至少通过1分钟的闲聊，才能与对方建立起信赖关系。在建立信赖关系之前和之后进行对话，给对方留

下的印象会完全不同。

闲聊，最少1分钟，上不设限。闲聊2小时可以，5小时也可以。闲聊的时间越长，就越能缩小彼此之间的距离。

“话虽如此，光闲聊可不行，还要说正事呢。”出于这种考虑，所以将闲聊的最短时间设置为“1分钟”。

如果闲聊时间不足1分钟，那就只能在还没有和对方建立信赖关系的前提下继续对话。这样即便谈话能够顺利展开，也会让对方留下“好像无法信赖”的印象。

那么，这本书就是为了让读者“**具备至少闲聊1分钟的能力**”。

这本书的目标是让你达到“准专业播音员”的水平

现在，正在阅读这本书的读者中，应该有一些人是不善于与人交谈的。但只要基本上能够与别人说话，那么起点就要比我高。

这本书就是要帮助“不善于说话、容易聊天冷场”

的人一口气达到“准专业播音员”的水平。本书不是让你达到明石家秋刀鱼或其他活跃在电视上的播音员的水平。而是以让大家达到**“成为播音员之前的准专业水平”为目标。**

“你真会说话，都能当播音员或艺人了。”能够被身边的人这样赞赏，就是这本书所要帮助大家达成的目标。

那么，“善于说话”与“笨嘴拙舌”的关键区别在哪里呢？那就是“善不善于闲聊”。

关于正题，谁都能按照事先准备好的台词，一字一句地读出来。但是，闲聊却没有台词。临场应变的机智决定了闲聊的成败。如果闲聊的时候就让人感到无聊，那么也不能吸引观众倾听正题；如果闲聊妙趣横生，就会引起观众继续倾听你讲话的兴趣。

因此，在进入正题之前，胜负已经决定。

掌握闲聊技巧，就能掌控人生

在现代社会中，苦恼于“不善言辞”的人越来越

多。究其背景，是因为“现在已经变成一个把事情传达到就可以了的时代”。

例如，20年前去买东西的时候会讨价还价，与店员进行“能不能再便宜一点”之类的对话。而现在，只要在网络上搜索一下，就能够知道在哪里买最便宜。无需与店员交流，只需点一下“购买”按钮，就能够高效地完成购物过程。

虽然在说话时能够知道如何“传达主题”，但是“与主题无关的对话”的能力却在急剧衰退。

不会闲聊的人会变得怎样呢？在职场上，会被贴上“无聊”的标签，被认为是缺乏工作能力的人；在恋爱中，会被贴上“无聊男人”“无聊女人”的标签，过着不受异性欢迎的人生。

换句话说，只要学会如何聊天，就能够开启事业顺利、恋爱美满的美好人生。很多人正因为不会闲聊而陷入职场失利、恋爱失败的痛苦煎熬中。从这种意义上来说，现在就是**“掌握闲聊技巧，就能掌控人生”**的时代。

这本书，就是为了让你成为闲聊高手而写。

只要会聊天，就能受人喜爱。

只要会聊天，家庭关系就会更和谐。

只要会聊天，夫妻生活就会更美满。

只要会聊天，事业就会更顺利。

只要会聊天，就能更受异性欢迎。

只要会聊天，你的人生将瞬间“逆袭”。

从一名不与人说话的少年到一名电视播音员，正是这样的我才有值得分享给你的经验。

来吧，从这本书开始，迈出聊天高手的第一步吧。只要踏出最初的一步，三个月或一年后，你一定能脱胎换骨，塑造出一个全新的自我。

石井贵士

第一章

“闲聊”是什么

One-Minute Tips for Effective Chatting

One-Minute Tips for Effective Chatting

“闲聊”的四步构成

很多人认为：“闲聊什么的，就是不用刻意考虑说出的话吧！因为是闲聊嘛！”但是事实并非如此。任何一项技能如果想要更加精进，就要做到以下四步：

- **第一步：知道**
- **第二步：理解**
- **第三步：有意为之**

• 第四步：达到无意中自然流露的状态

当然，如果闲聊最后能够达到无需刻意、自然流露的状态，是最理想的。但是，在此之前，我们有必要先“知道”“闲聊究竟是什么”。然后，在自己心里能够“理解”“闲聊非常重要，我一定要掌握”之后，才能够做到“有意识地闲聊”。最后，达到无意中自然流露的闲聊状态，你就会变成“闲聊高手”。

若想成为闲聊高手，必先知道“闲聊”的定义

那么，让我来问你一个问题。

如果有人问你：“闲聊是什么？它的定义是什么？”你能够瞬间回答出来吗？恐怕没有人可以瞬间答上来吧。

不能跳过“知道”这一步，否则，你就不会成为闲聊高手。如果没有设定“闲聊=00”的目标，就无法有所进展。就好比是去北海道，还是去冲绳呢？如果你不知道去哪儿的话，是无法购买机票的。

四步走：
提高“闲聊”水平
注意到时，自己
已经在闲聊了！
达到无意中自然流露的状态 4
现在，我正在闲聊！
有意为之 3
原来如此，闲聊
非常重要啊！
理解 2
原来闲聊是这
么一回事啊！
知道 1

所以，透彻地理解“闲聊是什么”这件事至关重要。**只有知道“闲聊是什么”之后，你才能迈出闲聊的第一步。**

One-Minute Tips for Effective Chatting

所谓闲聊，就是“无关”“没有实际意义”的话

闲聊的定义是：

①谈论无关的话题。

②谈论没有实际意义的话题。

比如说：“今天天气真好啊！”这就是闲聊。今天天气好也罢，坏也罢，都和你的人生没有关系。

当然，对于经营雨具用品的人来说，也许会影响销售。但是，对大多数人来说，天气这一话题在生活中是无关的、没有实际意义的。

那么，通过这种没有实际意义的对话，彼此开始进行交流吧。

与对方有关的话题，并非“闲聊”

“今天去哪儿啊？”这种与对方私生活有关的话题就不是闲聊。对方可能会想：“希望你不要来打听我的私事。”

如果你这么问的话，会让对方讨厌。

大多数人之所以不擅长闲聊，理由有二：

①想谈论与对方有关的话题。

②想谈论有实际意义的话题。

如果你不明白“闲聊原本就是谈论无关、没有实际意义的话题”，那么你永远也无法成为聊天高手。

不擅长闲聊的两个理由

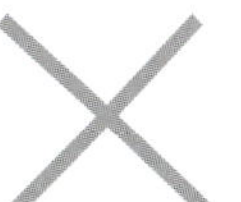

1 想谈论与对方有关的话题

2 想谈论有实际意义的话题

闲聊是谈论“无关”“没有实际意义”的话题

1分钟超强聊天术

不是谈论与对方有关的话题或对对方有实际意义的话题，而是与对方毫不相干、没有实际意义的话题，才是闲聊。

03

One-Minute Tips for Effective Chatting

谈论无关的话题，可以消除对方的紧张感

如果谈论到与你相关的话题，你肯定会有所警戒，一旦这样，就会产生紧张的气氛。

如果别人问你："你的英语考试成绩是多少分？"因为是与你自身相关的事，所以在那一瞬间，你就会产生紧张感。如果分数高的话，别人会说："你真厉害啊！"但是如果分数低的话，你就会担心别人说你

不行。

不管是谁，都讨厌被别人评头论足。

80分，别人会夸你头脑聪明；79分，别人会认为你不合格。类似这样的事，会让人心里很不舒服。

如果谈论与对方相关的话题，必然会和评价对方联系在一起。因此，像“英语考试成绩”这种与对方相关的话题，不能称为闲聊。

如果是“前段时间的英语考试好难啊！”就算是闲聊了。因为“英语考试的难易程度”是与对方毫不相干的话题，仅仅是讨论考试本身，所以能够称为闲聊。

闲聊的前提，是与对方“无关”

的确，谈论与对方无关的话题，即为闲聊。不去打听对方的私事，谈论与其毫不相干的话题，闲聊的氛围就会热闹起来。

天气的话题之所以能够成为闲聊，就是因为它与对方毫无关系。聊一些与对方无关的话题，是能够和对方聊不停的前提。

聊与对方无关的话题，能够赢得对方的好感

“你去哪儿啊？”这是关系到对方隐私的话题。谈论与对方相关的话题，对方会认为你在打听他的个人私事。“只是想问问他要去哪儿”，仅仅你自己觉得有趣而已。询问别人“你是哪个棒球队的球迷啊？”也只是你自己觉得好玩而已。如果对方“是巨人队的球迷就NG，是阪神队的球迷就OK”，因为你心里已经有了评价标准，这就会促使你想要评价对方。

如果是同一个球队的球迷，就能让对话变得热烈，但是如果是不同球队的球迷，有可能会引起对方的厌恶。

闲聊，是为了缩短与对方之间的距离。**聊与对方相关的话题，会拉大与对方的距离。越是聊与对方无关的话题，就越能缩小与对方之间的距离。**

“你多大啦？”因为和对方个人信息有关，所以不能成为闲聊的话题。“那个人多大啦？”因为是谈论

第三者的年龄，所以作为闲聊话题是OK的。

能否通过聊无关的话题形成与对方之间的对话，是成为聊天高手的关键所在。

One-Minute Tips for Effective Chatting

“有意义的话”要在心理距离缩短后再说

大多数人聊天时都想谈论有实际意义的话题。人们很容易认为“有目的地进行对话”难道不是更容易获得对方的好感吗？但所谓有实际意义的谈话，其实就隐含着“你这样做不好，如果你能那样做就能成功”的意思。

如果是谈论“有实际意义的话题”，就不得不说

一些让对方觉得逆耳的话。这样一来，就与通过闲聊“缩小距离”的目的背道而驰了。

不过，如果已经是很亲近的人，或者已经缩短了距离感，在这种情况下谈论一些私事也是OK的。

但是，**在彼此仍然很陌生的情况下，表现出“我跟你说了很有价值的建议，你感谢我吧”这样的态度，只会引起对方的反感。**

在我担任播音员的时候，有一个几乎没怎么和我说过话的职员，明明我们之间非常陌生，他却对我建议说：“石井你这里做得不好啊！这样做的话就行了！”

他本人是打算对我提出好的建议。但是，对于被建议的我来说，心里十分不快。“你是谁啊？明明是不认识的人啊！”这种状态下，忽然以一种居高临下的姿态开始提建议，我想换作是你，也会觉得这人很讨厌吧。

“不，应该感激别人对你提出这种建议啊！”虽然这种想法才是正确的，但是，尽管做了正确的事情，却未必会让对方喜欢。**真正的聊天高手，不是做了正确的事情却被讨厌，而是即使做了错事也会被人喜欢。**

闲聊时，满口“正义”不如“引起共鸣”

“是正义还是邪恶？”“是对还是错？”有人喜欢以是非善恶来交谈。这种人，是容易被人讨厌的人。

闲聊时，能够引起对方的共鸣才是成功。

如果在一起共同度过了快乐的时光，对方就会觉得“这个人说的话，我想一直听下去呢”，从而引发对方共鸣。通过共鸣，就能缩短彼此之间的距离。

相反，无聊的时间一长，对方就会觉得“真不想和这个人在一起啊！这个人说的话真是一句也不想听啊”。因此，完全无法引起对方的共鸣，最终导致彼此之间的距离越来越远。

一对夫妻，虽然结婚时间不长，两个人聊天却经常陷入没完没了的争吵。因为夫妻两人都喜欢讲道理，什么事情都想争出个是非曲直。

比如，因为挤牙膏的事情，夫妻俩就争起来了。妻子觉得牙膏应该从底部挤，丈夫则习惯从中间挤。两个人都觉得自己的做法对，谁也不愿意妥协。激烈的争吵又一次爆发了。

好在理性的丈夫这一次克制住了自己，他说：“等一下，我们不是都深爱着对方吗？这点小事算什么？你对或者我对又有什么意义呢？”

家庭不是讲道理的地方，而是讲爱的地方。丈夫不再争辩是对还是错，也不去考虑小事的是与非，而是讲两个人的感情，一下子就引起了妻子的共鸣。

评论“小熊猫出生了”这种明快的新闻时笑脸盈盈，评论“贪污渎职事件”这种负面新闻时表情严肃，这是二流的评论员。发表毫不相干、没有实际意义的话题，却能够引发听众或观众的共鸣，才是一流的评论员。

One-Minute Tips for Effective Chatting

“受欢迎的人”必是闲聊高手

不探询对方隐私也能调动起聊天氛围的人，大受异性的欢迎。“你多大啦？”“你住在哪儿啊？”“你在哪个公司上班啊？”这些话题，不是闲聊。因为询问的都是与对方有关的问题，所以反倒将彼此之间的距离越拉越远了。

虽然有人会觉得："为什么要这样呢？正因为对对方感兴趣，所以我才问的啊！"

因为这只不过是满足你自己的好奇心罢了，所以才会引起对方的反感。

通过闲聊来缩短彼此之间的距离，才会被对方认为是不错的人。

女人缘很差的男性在酒吧搭讪女性时，最常问的两大问题是"你多大了？""你住在哪儿？"请一定记住，这两个问题会让对方讨厌，所以一定不要问。

"你老家是哪儿？""大学念的哪所学校？""学的什么专业？"等问题一概不问，才是调动聊天热情的关键所在。谈话时只要有九成都在闲聊，就能收获对方的好感。

如果被谈论和自己相关的话题，容易觉得自己在受到攻击、遭到别人的品头论足。在相亲的场合，直接询问男方"年收入多少""是不是长子"的女性，也是让人很讨厌的。

"可是，和年薪600万日元以下的男性说话，我也不会把他当作结婚对象，这样做毫无意义啊！而且，我不想婚后和公婆住在一起，如果和长子交往，不是也没有实际意义吗？”我理解这些女性所要表达的意思。但是，如果最开始不从闲聊开始，就无法缩短彼此间的距离。

否则，即使真的遇到年收入600万日元以上、家中排行老二的男性，如果你直接问这两个问题的话，也会被他所厌烦的。

跟“搭讪高手”学习闲聊技巧

我认识一个搭讪高手，叫岛村先生。他在路上向来往的女性问路，就能顺其自然地和她们成为朋友。

“岛村”不是他的真名。我曾问过他为什么要化名“岛村”，他说是因为他的穿着都是在连锁店岛村购物中心购买搭配的。

这个岛村，是一个闲聊搭讪的高手。

他通过聊一些毫无意义的话题，能够将对话延长到5分钟、10分钟，不知不觉间就和女性相处得很融洽。

要说他谈论的究竟是多没意义的话呢，真的全都是一点实际意义也没有的废话。

“不好意思，请问新宿车站在哪儿呢？”

“哦，在那边。”

“啊，不好意思，再问一下。是哪边呢？”

“刚才和你说了，就是那边啊。”

“哎？不是这边，是那边吗？”

“是的。”

“啊，不好意思，我没有听清，是哪边来着？”

就像这样，可以持续5分钟以上的对话。这样持续了5分钟以上毫无意义的对话，当彼此都有点疲倦时，他会忽然说：“我其实也没有那么着急，只是觉得有点累了，要不要去那边一边喝茶一边聊天啊？”

通过一场毫无意义的对话把对方留下来，当对方疲倦时就邀请对方喝茶。这种搭讪手法，是他独创出来的。

即使毫无意义的对话，也能拉近彼此的距离

岛村曾好几次让我在近处观察他对女性的搭讪过程，惊人的是，他们的对话真的毫无内容。他去问路，明明对方很认真地在回答他，他却说：“啊，抱歉抱歉，我刚才走神了没听见。”以此来延长对话的时间。

对话的实际内容几乎没有。不让对话被引导出结论，而是没完没了地说些毫不相关的话。这样一来，就会令女性产生一种错觉：“不知不觉，才发现已经和这个男性聊了很长时间了。也许我们很合得来！”

当然，如果是这么长时间持续这种毫无意义的对话，会引起男性的反感。他们会觉得：“不要没完没了地尽说些毫无意义的废话，简单明了地说结论！”

这样一来，**他仅仅通过聊些毫无意义的事情，就成功地缩短了与对方的距离。**

①提供有用的信息，彼此间的距离很疏远。

②聊毫无意义的话题，拉近彼此间的距离。

在这两个选项中，岛村毫不犹豫地选择了选项②。

大多数人在与人交谈时都想说些有意义的、与对方相关的话题，所以才无法缩短与对方之间的距离。通过聊些毫无实际意义、毫不相关的话题，拉近彼此之间的距离，才是闲聊。

聊“无意义”的话题，拉近距离

×　提供有用的信息

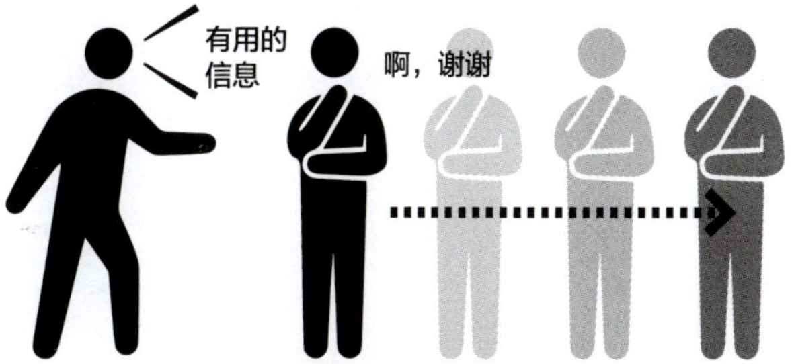

距离很疏远

◎　聊无意义的话题

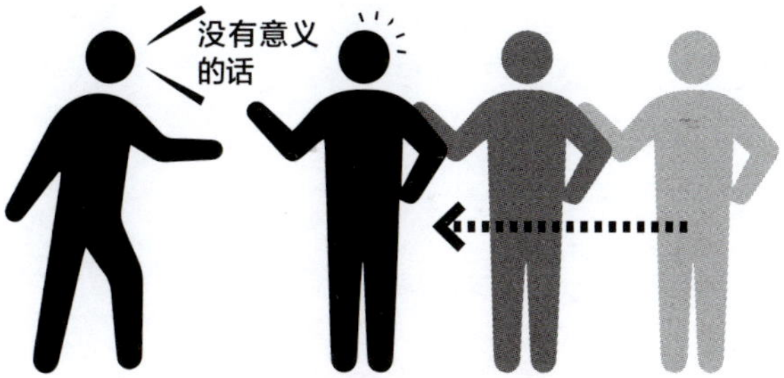

拉近彼此距离

第二章

闲聊就是要“不合常理”

One-Minute Tips for Effective Chatting

闲聊是“不合常理”会话

“必须要说有实际意义的话。无聊的谈话，是浪费时间。”被这种想法束缚的人，应该有很多吧！

在这个世界上，存在“合理性世界”与“不合理性世界”两种，如果不知道这一点，就无法从“合理的束缚”中脱身。

什么是合理性世界？所谓合理性世界，是1+1=2的世界，是“逻辑化”的世界。1+1=2这个算式，不管是

对幼儿园小朋友，还是对爱因斯坦，或者是你，都是1+1=2。

所谓不合理性世界，是艺术（抽象、无逻辑）的世界。同样是画向日葵，凡·高画的向日葵价值1亿日元，你画的向日葵却一文不值。

合理性世界——任何人都会推出一样的答案。

不合理性世界——答案因人而异。

闲聊不需要合理化

在对话中，也有合理性世界的对话与不合理性世界的对话之分。

合理性世界的对话，就类似正式发表的演讲。“如何在最短的时间内说出最有意义的话”，决定了你的成败。

非合理性世界的对话，就是所谓的闲聊。通过聊些毫无意义、无关的话获得对方的好感，是交谈的目的。

这本书就是为了提高你的聊天水平而写。究竟该如何聊些无意义的话题、究竟该如何聊些无关的话题，是这本书所要探寻的课题。

大多数人将闲聊划分到合理性世界之中，总是抱怨自己明明认真地给对方传达了重要的信息，却没能和对方建立起亲近的关系。**只有在明白了闲聊是非合理性世界的产物之后，才能发自内心地相信“通过聊些毫无具体内容的话题就能和人友好相处”。**

“合理性世界”与“非合理性世界”的对话

合理性世界的对话

演说演讲，在短时间内谈论有意义的内容

非合理性世界的对话

聊些毫无意义、无关的话题，获得对方好感

一旦将闲聊归于“合理性世界的对话”，就会失败

One-Minute Tips for Effective Chatting

闲聊无优劣之分

就考试分数而言，80分比50分更优秀，而90分比80分好，100分比90分好，这就是合理性世界。在合理性世界中，存在优劣之分。

非合理性世界中，无优劣之分。如果有人问“凡·高和夏加尔[①]的画，哪一个更好？”答案因人而异。

① 夏加尔（1881–1985年）：犹太人画家，生于俄国，擅作印象风景画。作品有《我和我的村庄》、巴黎歌剧院天顶画、圣经版画插图等。

恋爱也属于非合理性世界。东京大学毕业生与高中学历的人相比，东京大学毕业生未必更受女性欢迎。年收入1亿日元与年收入200万日元的人相比，年收入1亿日元的人不一定更有女人缘。

“A女士和B女士，你觉得谁更漂亮？”这个问题的答案也会因为每个人的审美不同而有区别。

闲聊也属于没有优劣之分的世界。有不到5分钟就结束的闲聊，也有持续一两个小时的闲聊，虽然存在时间的长短之分，却没有优劣的区别。

虽然闲聊存在有趣与无聊的区别，却没有优劣之分。就算是很无趣的聊天，只要找准机会让对话变得有趣起来就好了。

①刚开始开心，最后变无聊的闲聊。

②刚开始无聊，最后变有趣的闲聊。

很多人会觉得做法①不可取，要采用做法②才行。但是，做法①中谈话虽然最后变得无聊，却有可能以此为契机使对话再一次变得有趣。这样想来，不管到什么时候，闲聊中都不会存在优劣的区别。

非合理性世界中，
没有优劣之分
合理性世界
考100分的
人胜利！
赢了！
输了！
考试
成绩
100分
考试
成绩
80分
存在优劣之分
非合理性世界
谁的画更
好呢？
不存在优劣之分

非合理性世界中，没有对错

1+1=2，是正确的。

1+1=5，如果这么写的话，就是错的。

这是合理性世界。

如果写成“1+1=海鸥”的话，会变得怎么样呢？这样的算式当然也是错的。但是，如果别人说：“1+1=海鸥，真是太可爱了！”也许会大受欢迎呢！

在中学运动会中，有100米赛跑这个项目。如果有人能够11秒跑完100米，大家都会说：“好厉害啊！”但是，如果突然出现一个“匍匐前进”的人，会怎么样呢？

在必须跑步的时候却不去跑，这明显是不对的。老师肯定会大发雷霆：“开什么玩笑！你干什么呢！”但是，20年后的同学聚会时，大家肯定会记得：“说起来，当年有一个家伙匍匐前进来着！”

而当年11秒跑完100米的人却有可能被大家忘记了，也不会成为20年后同学聚会的话题。

如果将11秒跑完的人与12秒跑完的人相比，因为是在合理性世界中，所以11秒跑完的人胜出。

“11秒跑完的人与匍匐前进的人相比，哪一个是正确的呢？”20年后大家会认为后者更好。

闲聊，正是属于非合理性世界。

即使说了正确的话，也没有人会记住你。

如果知道说“1+1=海鸥”更能受到人们的喜爱，就决定这么做，这样就能将闲聊发挥到极致了。

One-Minute Tips for Effective Chatting

严谨的人不善闲聊，不严谨的人善于闲聊

感叹自己“不擅长聊天”的人，多是认真的人。越是认真、学习成绩好的人，就越意识到自己不擅长聊天。因为他们熟识了合理性世界的成功法则，所以难以融入到非合理性世界中去。在合理性世界中，人们认为谈论有意义的话题才是正确的，去说相关的事情才是对的。

在非合理性世界中，观念正好相反，谈论无意义、不相关的话题才是对的。

与别人交谈时，不知不觉地就想说些有意义的话题。总觉得难得有机会和这个人交谈，不说些有实际意义的话，时间就浪费了。

闲聊的目的，就是“拉近和对方的距离”。通过1分钟的闲聊就能缩短彼此的距离，如果闲聊1个小时，彼此的距离会更亲近。

谈恋爱也是如此，拉近与对方之间的距离至关重要。如果对方感觉：“这个人和我的价值观不一样啊，完全是两个世界的人啊！”就算你头脑再聪明，你们的恋爱关系也不会有什么进展。

如果对方得知你们来自同一个地方、同一所小学、同一所中学，那么你们之间的距离一下子就会拉近不少。

如果得知“我喜欢追星，对方却讨厌偶像”“我喜欢看电视，对方却一点电视也不看”，那么你们之间的距离会越来越远。

沟通的目的，是和对方搞好关系。**为了和对方建立良好的关系，在最开始的阶段应该使用的工具就是**

“**闲聊**”。从毫无意义的闲聊开始，缩短与对方之间的距离。

不以是非问句作为话题

闲聊，不属于合理性世界，而属于非合理性世界。

如果有人问你是赞成还是反对？是YES还是NO？你就必须从中做出选择。

在闲聊时，需要让对方对自己产生“我也是这样”的共鸣感。

如果你选择YES而对方选择NO的话，对方就会觉得你们不一样，因此难以产生共鸣。如果抛出以下话题：“关于核武器，你是赞成？还是反对呢？”你反对但是对方却赞成的话，你们的对话也就走向The End了，彼此之间也不会产生共鸣。

目的在于明辨是非立场的谈话，是辩论。而一旦开始辩论，你与对方之间的距离就会越来越远了。可是，你的目的不是让自己的主张强加于人、引起对方反感，而是**要赢得对方好感**。为此，才有了闲聊的出现。

就算争论两个小时最后你赢了，也不能让对方喜欢你。但是，闲聊1分钟，就算你觉得“好无聊啊，完全没有实际内容啊”，只要能够获得对方的好感，就是胜利。

不管是支持自民党的人，还是支持民主党的人，只要你的话题让他们都说出“这么说也对”就可以了。也许你会想“哎！怎么可能呢？”但是如果是“新宿车站在哪儿？”这种话题的话，不管是哪一个政党的支持者，答案都是相同的。

不干涉彼此支持的信仰，才是闲聊。

只谈百分之百“YES”的话题

就算你认为十成会回答“YES”的话题，也会存在一成的人觉得“并非如此”。

就算你觉得“要想成为有钱人，只能中彩票了！”也有一成以上的人觉得不是这样，即有人想通过自己创业成为有钱人，也有人希望投资股市变成有钱人。

像刚才那样，“要想成为有钱人，只能中彩票”

这个话题，只要有人会回答NO，就不能成为闲聊的话题。

“那个明星好帅啊！”这种话题也不能作为闲聊的选择。因为虽然有人觉得他很帅，但是也有人觉得他不帅。“木村拓哉真的好帅啊！”你觉得每个人都会这么想，但是总有人会觉得：“才不是，我更帅啊！那家伙算什么！”就算你想引起对方的共鸣，但是无法取得共鸣的可能性仍在1%以上。

因此，比起这个话题，不如在天气晴朗、万里无云的日子里感叹一句：“今天天气真好啊！”你就会收获百分之百的YES，引起对方的共鸣。

你与对方的意见越是不同，你们之间的距离就越是遥远。

所以，将彼此意见完全一致的事情作为交谈话题，在闲聊中至关重要。

04

One-Minute Tips for Effective Chatting

将三角形ABC中的C作为闲聊话题

如果把你看成A，把对方看成B，大多数人很容易一上来直接把话题锁定在你们的中间地点M处。这样一来，如果能找到共同点闲聊就会畅快起来，但是找不到共同点的话闲聊就进行不下去了。

所以，首先应该选择三角形的C点处，也就是**去留意那些与双方都毫无关系的话题**！这样一来，彼此都

会觉得“自己的私人领域不被侵犯”，所以能够安心交谈。

谈论共同的话题，拉近彼此距离

A女士有一个读中学的孩子，B女士也有一个同年级的孩子，这种情况下，孩子的话题就是她们之间的共同话题，也就是中点M点。

如果孩子们知道了“妈妈们在背后谈论我们”的事，就容易胡乱猜想，她们有没有说我的坏话呢？

妈妈们之间也容易演变成“这个学校的老师素质不高”“那个孩子在班里好像经常欺负人”类似这种说坏话的状态。

所以，避开共同话题（孩子的话题），选择毫无关系的话题方为上策。

“那家超市香蕉在搞特价呢！”不如选择这类话题，因为和双方的人生都毫不相干，所以也不会有纠纷。

当然，这多少会涉及如何节省家庭开支等细节，但是却不会发展成影响人生的大事，也不会侵犯彼此的隐私。

大多数人聊天时都想要努力找到彼此之间的共同话题，找不到共同点的话聊天就会冷场。因此，闲聊在最开始的阶段，以毫不相干的C点为话题，等建立起良好关系之后，再谈论与双方有关的M点话题就好了。

闲聊时选择C点话题

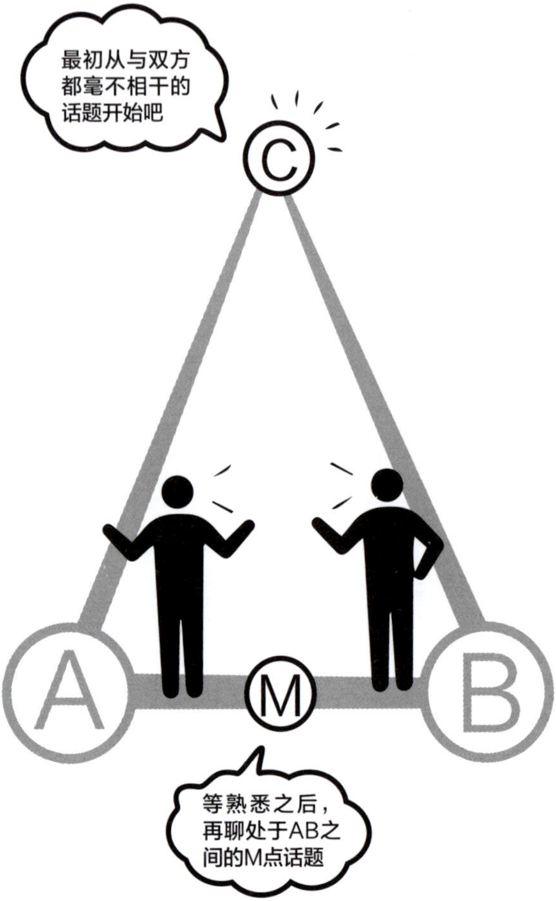

最初从与双方都毫不相干的话题开始吧

C

A

M

B

等熟悉之后，再聊处于AB之间的M点话题

05

One-Minute Tips for Effective Chatting

“1+1=2”太无聊，“1+1=旋瓜鱼①”才OK

合理性世界的赢家都有成为无趣之人的倾向。在合理性世界中，因为东京大学是日本排名第一的大学，所以从东京大学毕业的人，如果不能成为亿万富翁或

① 旋瓜鱼：源自日本阿伊努语susam，胡瓜鱼科海水鱼，与西太公鱼近缘。全长约15cm。约于11月溯河产卵，可供食用。在日本，分布于北海道太平洋沿岸。

大受欢迎的人物，就很奇怪。

但是，这种事情当然是不存在的。如果在合理性世界中继续追根究底，就会形成“常理屏障”，你会觉得决不能出错，正确答案只有一个。

“1加1必须等于2”这种意识就会根植于心，最终变成一个无趣的人。

如果考试时写上“1+1=旋瓜鱼”，肯定会被打×。但是，在非合理性世界中，“旋瓜鱼”比“2”要有趣得多，所以也是正确答案。

在合理性世界中，即使是正确的答案，也因为理所当然而变得无趣。

认真，在中学时代被认为是最值得推崇的价值观。作为合理性世界的指导者——学校老师，经常挂在嘴边的话就是：“要认真学习！”因为只有这样才能走最短的距离，取得最高的成绩。

但是，在非合理性世界中，比起“认真”，“乐趣”更重要。因为享受到乐在其中，才会下功夫，最快地提高水平。

然而学习时有享受乐趣的时间，还不如解决下一道题，这样才能提高成绩。不是细细品读《大学数学》这种不会出现在考试中的高难度题目，而是认真练习《题海式数学》这种应试问题，才能顺利通过考试。

在非合理性世界中，享受乐趣能够让你找到独属于你的正确答案。因为闲聊属于非合理性世界，所以不要过于认真，这一点尤为重要。

打破常规者，更善于闲聊

在男性中，有人坚信“女性应该喜欢认认真真的男人”。但现实情况是，认真的男人因为很无趣，往往不受欢迎。

女性：“下次我们一起去看电影吧！”

男性：“好呀。平时票价是1800日元，但是周三女性特惠日只要1100日元，我们就周三去吧！”

在上面的对话中，如果从合理的角度来考虑的话，在女性特惠日去看电影可以节省700日元，是正确的选择，但是在女性看来，这只是一个非常无聊的男人罢了。

女性：“下次我们一起去看电影吧！”

男性：“好啊，择日不如撞日，别下次了，咱们现在就去吧！说不定还能赶上晚场电影呢！”这么回答的男性，因为打破了一般预期的对话，反倒大受欢迎。

在合理性世界中，循序渐进的男性，因为所有举动都在常规的预期内，所以并不受欢迎。

女性中有很多人已经厌倦了循规蹈矩的男性，所以不按常规出牌的人反倒很受欢迎。

能够打破常规预期，是善于闲聊的秘诀。

One-Minute Tips for Effective Chatting

说话无聊，是因为你本身无聊

“我说的话很无聊，怎么能说得有趣一点呢？”应该有不少人为此苦恼不已。

事实上，无聊的并不是你所说的话，而是你自己本身无聊，如果你能意识到这一点，那么你就迈出了走向聊天高手的第一步。

①“我很不会聊天，因为我是被狼养大的孩子。”这种人说话很笨拙。

②“我从大学毕业后，一直在公司上班。”这种人说话很纯熟。

如果是你的话，会想听哪个人说的话呢？

当然会选择①。

如此看来，大多数人所在意的并不是“纯熟的谈话技巧”，而是**“想听有趣的人说话”**。

明石家秋刀鱼先生的访谈节目非常风趣，而他自己原本就是一个“非常有趣的人”。就算把电视机设为静音，秋刀鱼先生看起来也非常有趣。

如果你的生活原本就无趣至极，只为考资格证在过日子，那么也不会有人听你聊天的。

正在准备资格证考试的人，除了你之外大有人在，已经通过资格证考试的人也有很多。此时此刻，仍然有很多人加入到这种备考、应考的生活中，你只是其中之一。

如果一个人说：“我本来想一直游泳游到另一个国家的，没想到中途就被抓住了！”就算说话的人口齿不伶俐，你应该还是很有兴趣去听。

要想让聊天变得有趣，你自己就必须拥有与众不同的一面。“下班后，我在准备资格证考试。”“我平时上班，周末的时候做占卜师。”这两种人相比较，人们更愿意听后者所说的话。

正确但无聊的话题，还不如聊些有趣的小谎

有很多人从小就被教育“坚决不能说谎”，从而变得严肃无趣、思路僵化。当然，在重要关键的事情上说谎或欺骗是不对的。但是，闲聊的话，时不时地说些无伤大雅又有趣的小谎，反而能让对话热络起来。

如果初次见面的人问你：“你是做什么工作的？”你会如何回答呢？如果老实回答说“我是系统工程师”“我是程序设计师”“我在公司上班”等，你会被认为仅仅是一个无趣的人。

虽然是事实，但是却很无聊，所以闲聊也变得无聊起来。

比起掌握谈话技巧，不如做一个有趣的人

"无趣"之人

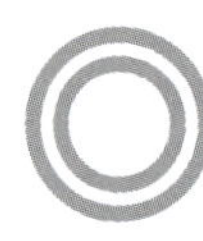

"有趣"之人

让自己拥有与众不同的一面

当被问到：“你的职业是什么？”

①我是公司职员。

②我负责给莲藕挖洞。

比较以上两种回答，第二种更能调动聊天氛围。

“藕一开始不就有洞嘛！”这种清楚的认知，任何人在一瞬间都能想明白。而且，这100%是个谎话。如果头脑中顽固地认为“说谎是不对的”，那么闲聊就无法热络起来了。

说个显而易见的小谎，逗对方一乐，就能缩短彼此之间的距离。

当被问到：“你的职业是什么？”

①我是程序设计师。

②我是口袋妖怪的训练师。

比较以上两种回答，从真假这一点来看正确的肯定是①，但是如果闲聊的话，则②比较有趣。

最吸引人的闲聊，是“脱单法”

学生们历经10年或20年仍能记住的，不是老师们讲授的知识，而是闲聊的内容。直到现在我依然清楚地记得，大学时体育老师教我们的“脱单法”。

女生不在的时候，老师会教给我们男生一些“私藏轶事”。在一次体育课时，一个学生突然喊道：“老师，应该怎么摆脱单身呢？请教给我们脱单的方法吧！”

老师会说一些和体育课“无关的话题”（但是学生感兴趣）来引起我们的共鸣，也赢得了我们的好感。

“是嘛！你们想知道的话，我就教你们吧。千万不要直接请求女生做自己的女朋友，因为她们很难说YES。也不要说跟我去酒店吧（确立恋爱关系），因为她们很难说NO……”

“究竟要怎么做才能脱单呢？那就是对女生说‘让我们创造一个美好的回忆吧！’女生最喜欢创造回忆了，女生之所以动不动就拍照，也是想留下美好的回忆。所以，如果你跟她们说要一起创造美好的回忆，也许就能脱单了。我就是靠这个办法脱单的！”

听老师说完，我们大为震惊，恍然大悟地感叹：“原来如此啊！”

我在体育课上记住的，仅仅是这些原本与课程不相关的话。即使已经过去20多年，这些话，依然清晰地记在我的心里。

第三章

1分钟聊天术的四大基本原则

One-Minute Tips for Effective Chatting

01

One-Minute Tips for Effective Chatting

1分钟聊天术，是开场1分钟的聊天

所谓1分钟聊天术，是在对话最开始的1分钟（或以上）的闲聊，是为了拉近彼此之间的距离而展开的对话。

闲聊1分钟（或以上），之所以限定这个时间，是因为只要持续1分钟（或以上）之后，无论何时进入谈话正题都可以。

“1分钟聊天术”是指对话开始的1分钟

1 开始聊天

0:00

2 慢慢缩短距离

0:30

3 关系融洽之后，直奔主题就OK

1:00

和这个人聊天真让我感到开心啊！

但是1分钟之内，有可能根本没开始闲聊，仅仅是单纯的社交辞令就结束了。

假如和对方能开心地闲聊1分钟的话，之后的聊天持续多久都没关系，当你想进入正题的时候，找个合适的时间点开始就可以了！

本书的目标，就是让你掌握“至少闲聊1分钟的能力”。

可能有人会觉得：“闲聊1分钟，是很简单的事情嘛！”但是，认为闲聊1分钟很简单的人，肯定不知道播音员要经过多少准备和训练才能维持1分钟的话题。关于开场白（Opening Talk）的1分钟究竟应该说什么，播音员会苦苦思索一个星期。在节目开始前的1个小时，关于闲聊的1分钟究竟要说什么，播音员会一字一句地写在纸上，认认真真地做好准备。

对你来说，关于今天该闲聊点什么，一字一句地写在纸上，并且苦苦思考“这样闲聊是否真的可行”，几乎所有人都不会这样去做。

认为闲聊决定成败的播音员，会觉得闲聊很难。但是对大多数普通人而言，他们通常觉得闲聊是一件轻而易举的事情。然而，高层次的闲聊，是经过再三考

虑之后的结果。“这10秒钟，不是闲聊，而是直接进入正题了呢！”“作为闲聊，有没有做到自己零意见呢？”在如此缜密细致的思量之下，播音员才会开始闲聊。

对你而言也应该如此，闲聊不是随性的高谈阔论，而是要将它上升到“掌握闲聊者方可掌控人生”的高度，所以深入研究闲聊技能非常重要。

下面将针对“闲聊的四大原则”展开论述。只要你遵循原则、不偏离轨道，你就应该明白闲聊需要多么高明的技巧。

闲聊的四大原则

闲聊，是有原则可循的。不遵循原则的对话，不能称为闲聊，只能算是普通的对话，还可能因此变得无聊。所以，先来了解一下何为闲聊的四大原则。

闲聊必须满足以下四个原则：

原则1：谈论“无关”话题。

原则2：谈论“没有实际意义的”话题。

原则3：不和对方的话较真。

原则4：不对对方的话作“评价”。

反过来也可以这样理解，如果谈论的话题是与你相关的、有实际意义的、对你有用的，那么这就不是闲聊，而是普通的对话。

不是为了达成某种目标去交谈，而是**让对话顺其自然地一步步展开，才是闲聊。**

不是和对方认认真真地进行投球练习似的你一来我一往的对话，而是像“死球[①]”一样，暂停后也会重新活跃起来，交谈的氛围才会热络起来。

比起谈论未来或过去的话题，不如仅谈论当下作为闲聊话题，再进一步说些无伤大雅的小谎，就是闲聊的秘诀。

① 死球：棒球术语。在棒球比赛中，出现死球（又称比赛停止球）时，任何跑垒员不得试图跑垒，而跑垒员也不会被杀出局。当投手重新准备投球，场上各队员和裁判都准备好时，死球状态变为活球状态。

02

One-Minute Tips for Effective Chatting

闲聊原则 1：谈论“无关”话题

闲聊时，**要选择与你无关的事作为话题。不仅如此，也要选择与对方无关的话题。**一旦选择与彼此相关的话题，聊天就变成了有实际意义的对话。然而闲聊并非谈论与主题相关的事，甚至可以说只有避开主题，才是闲聊。

在上语文课时，老师讲些与语文完全不相关的话题，就是闲聊。

我们会因为喜欢一位老师而喜欢一门功课，同样，也会因为讨厌一位老师而讨厌学习。这个道理很简单。所以，当我们喜欢听老师说话，喜欢上他的课时，那么课堂效果就会很好。

有的老师思路漫无边际、脱离正题，喜欢说一些无关的话，给学生讲很多的事，比如老师的亲身经历、讲故事、说笑话，这是正常的和必要的。

无关话题不会有攻击性

“你住在哪里啊？”如果你问一个女孩这样的问题，她应该会被吓一跳吧。她可能担心你会不会在车站前守候，因而会有所警戒。

“我又没打算那样做，只是单纯地想问她住在哪里而已。”我非常理解你辩解的心情，但是如果对方会因此对你有所防范的话，最好还是别问。

“你什么时候休息啊？”看起来像是无心的一句

话。但是对方会觉得如果自己说出具体哪天有空的话，也许你会趁机约她，这样会让对方紧张起来。

一旦谈论了与对方切身相关的话题，也许私底下就会被对方反感。

“你多大了？”因为这是与对方有关系的话题，所以作为闲聊的话题是不合适的。

“你老家是哪儿的？”也是与对方有关系的话题。

“你喜欢吃什么？”也许你会觉得这是没有什么实际意义的问题，所以问了也没关系，但是如果一不小心说出口，有可能会有人突然把自己爱吃的食物送到家里来，所以也是不妥当的。

我曾经在广播节目中询问过某明星喜欢吃什么，他回答说爱吃哈密瓜，结果就有人送了好几箱哈密瓜到他的事务所。但是因为邮寄的是入口的食物，担心万一被投毒或腐烂，最后不得不扔掉了。

播音员也非常注意不在节目中谈论自己喜欢哪种食物。因为一旦说了的话，就会有那种食物寄到电视台来。

如果你家正好是种植哈密瓜的，听到自己喜欢的明星说喜欢吃哈密瓜，你应该也会想让他尝一尝自己种的哈密瓜，就这样寄了过去。

在闲聊时，不要提及与彼此有关的事情才是上上策。

闲聊要选择与彼此都无关的话题

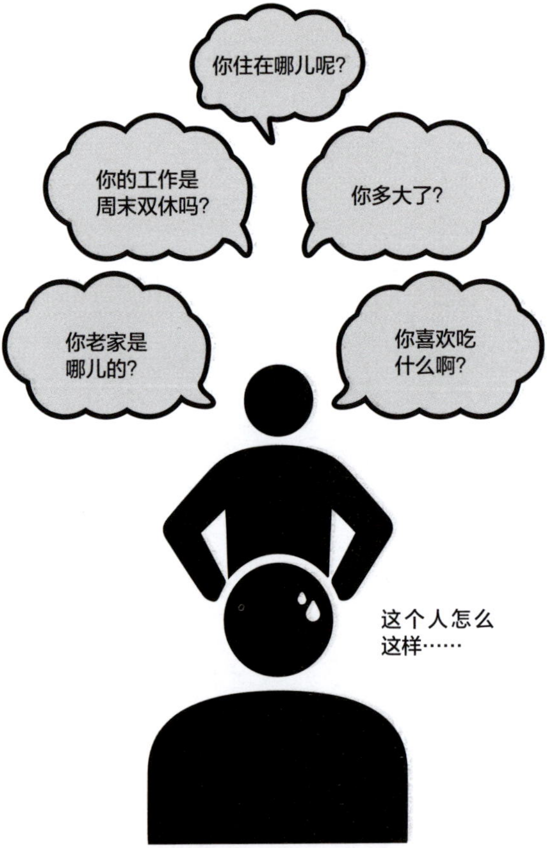

你住在哪儿呢?

你的工作是周末双休吗?

你多大了?

你老家是哪儿的?

你喜欢吃什么啊?

这个人怎么这样……

谈论与对方有关的话题，也许会让对方反感

One-Minute Tips for Effective Chatting

闲聊原则 2：谈论“没有实际意义的”话题

或许有人认为，分享渊博的学识是很好的闲聊话题。“10日元硬币上画的建筑物，你知道是什么吗？那是平等院凤凰堂呀！”这种对话，不是闲聊，你只不过是炫耀罢了。

闲聊的内容，不能是带有任何教育意义的话题。有教育意义的话题，可以在进入正题之后来谈。闲聊的

目的就是想办法缩短彼此之间的距离。

曾经有一位认识的女孩打电话给我说："踩着易拉罐的蜜橘（日语中"易拉罐"和"蜜橘"发音类似），你不觉得挺有趣吗？"说实话，完全不知道她想干嘛。

你可能会觉得这根本说不上有趣还是无趣，而且打过电话来的第一句话就是"踩着易拉罐的蜜橘"。但是，我会觉得因为这种事特意打电话来真是太可爱了。

然后，第二天她又打电话过来，第一句话还是说："喂喂，踩着易拉罐的蜜橘，是不是很有趣啊！"我虽然会插嘴说："昨天你已经说过这件事了。"但是明明很无聊的事情，我却会觉得她因为这种小事特意打电话来，还是很可爱。

这样一来，没想到第三天她又打来电话，而且第一句话还是："喂，我直接说了哦，踩着易拉罐的蜜橘，很有趣吧！"虽然我会打断她说："这是第三遍了！"但是最后，我和她却成为了很要好的朋友。

可以说，这世上再没有比"踩着易拉罐的蜜橘很有趣"更没有意义、更无关的事情了。

正因为没有实际意义，才能成为闲聊的话题，缩短彼此的距离。

报纸未刊登的话题，可以作为闲聊话题

有人通过早上看报纸来积累闲聊话题。看报纸的话，知道这一资讯的人就会很多。“这件事是今天的报纸上写的吧”，被别人这么一说，你就会被贴上“照搬报纸话题的无趣之人”这样的标签。

如果我觉得虽然今天的报纸上写了，但是还是把它写到书里来，你就会觉得我是一个“照抄报纸话题的无聊作家”，给我贴上这样的标签。

同样地，在闲聊时，你最好不要使用报纸刊登的话题。“今天的日经股加权指数是0日元呢！”因为这是报纸上刊登出的话题，所以不要当作闲聊的话题。这只不过是“传播信息”罢了。虽然传递了信息，但是却不能缩短与对方之间的距离。就算别人说：“今天的日经股加权指数是1万5千日元啊！”你既不会兴奋高呼，也不会觉得失望。

“今天在电视上看到了一则杀人事件！”这种话题只会让对方觉得沉闷，也不适合作为闲聊的话题。

只感慨一句“最近真是多事之秋啊！”然后索然无味地结束对话。很难想象有人可以通过杀人事件这一话题调动聊天的活跃氛围，最后和对方成为好朋友。

增加彼此的笑容，与对方之间的关系就会越来越近。因此，非常有必要去选择欢快的、未曾在报纸或电视上报道过的话题来活跃氛围。

积极传达“无用之事”

“现在玉米市场暴跌，已经降到了最低价，可以出手买入了！”这是在向对方提供有帮助的信息。如果能促使对方采取行动的话，那么就有了“行动”这一实际意义。

但闲聊中，没有实际意义的内容才重要。

提供有用的信息，就进入了谈话正题。“提供信息”说到底不能算作闲聊。

“一吃玉米就会塞牙，要是能买到不塞牙的玉米就好了！”这种会话没有实际意义，所以可以作为闲聊的话题。

如果谈论有实际意义的话题，对方就会紧张起来，不得不认认真真地听下去。有实际意义的话题或有帮助的话题，在进入交谈正题之后再谈论就可以了。

提供不了实际作用的事情，才是闲聊的话题。

“世界上第二高的山，好像是XX山哟！”这种普通的知识分享也不适合当作闲聊话题。能够构成闲聊的，不是这种知识，而是那些没有实际作用的话题。闲聊内容越是没有意义、没有实质内容的话题，聊天就会变得更加有趣起来。

One-Minute Tips for Effective Chatting

闲聊原则3：不和对方的话较真

闲聊时非常重要的一件事就是不要只从字面上去理解对方所说的话。当女性说“非常讨厌”时，有两种情况：

①真的被讨厌。

②事实上很喜欢，却故意说讨厌装装样子。

男性很容易认为："她说讨厌我，真受打击啊！"但事实上，有时候是女性想试试"他会不会再对我表白一次"。

语言，很多时候不能按字面理解。

男生说："请和我交往吧！"女生回答说："我们先从朋友做起吧！"男生就会误以为女生的意思是"先做朋友，再做恋人"。然而实际上，她的真心话是说："我们成为恋人，是一辈子都不可能的！"

有时候对方说讨厌反倒是OK，有时候对方说OK反倒是在拒绝。

当妻子说"离婚"时，有两种情况：

①真的想离婚。

②为什么你不好好关心我呢！要重视我啊！

而且，绝大多数都是第二种意思。

如果原封不动地按照字面意思去理解对方说的话，那你就会变成一个无趣之人。

当女性说："我们离婚吧！"如果你回答说："这样啊！那必须得找个律师啊，孩子的抚养权归谁呢？"

这样就没办法聊天了。

聊天时不能只关注对方言语中的“字面”意思，而是要抓住对方真正要表达的内容，如果不这样做的话，你就会变成一个无趣之人。

不去较真，交谈会更活跃

男性有不知不觉就会把对方的话当真的倾向。当妻子说：“最近，蔬菜很贵呢！”一般含有两种意思：

①蔬菜价格真的很贵，觉得很困扰，想知道哪里有便宜的商店。

②没有特别的意思，只是感慨一句蔬菜有点贵罢了。

因为90%的情况下是第二种意思，所以不必认真对待，这样聊天才能活跃起来。

“蔬菜好贵啊！”

“这样啊，那哪儿便宜呢？你在网上找找送货上门的蔬菜直销，或者自己到处转转找找哪儿最便宜，这样不就行了吗？”如果你这样回答的话，会被讨厌的。

“为什么男性不会闲聊呢？明明女性在一起能叽叽喳喳闲聊一两个小时呢！”虽然有很多女性这么说，但是男性却并非如此。

女性擅长没有意义的对话，而男性却会认真地原封不动地接受对方所说的话。

“差不多想结婚了呢！”当女性这么说的时候，虽然她有想要结婚的意思，但却未必是严肃认真的表达。

所以，对于说“想要结婚”的女性，如果你对她提出“那去注册相亲网站或委托婚姻介绍所不就行了”这种建议的话，会引起对方的反感。

“好想结婚啊！”“啊，对了，那部电影好像挺有意思的！”不去理会对方所说的话，转移到完全不同的话题上去就好了。

当对方说：“好想喝咖啡啊！”这时不要回答：“好呀，那我们去那边的咖啡馆吧！”

“好想喝咖啡啊！”“昨天的那个电视节目，你看了吗？”这样回答的话，你们的交谈就会变得愉快起来。

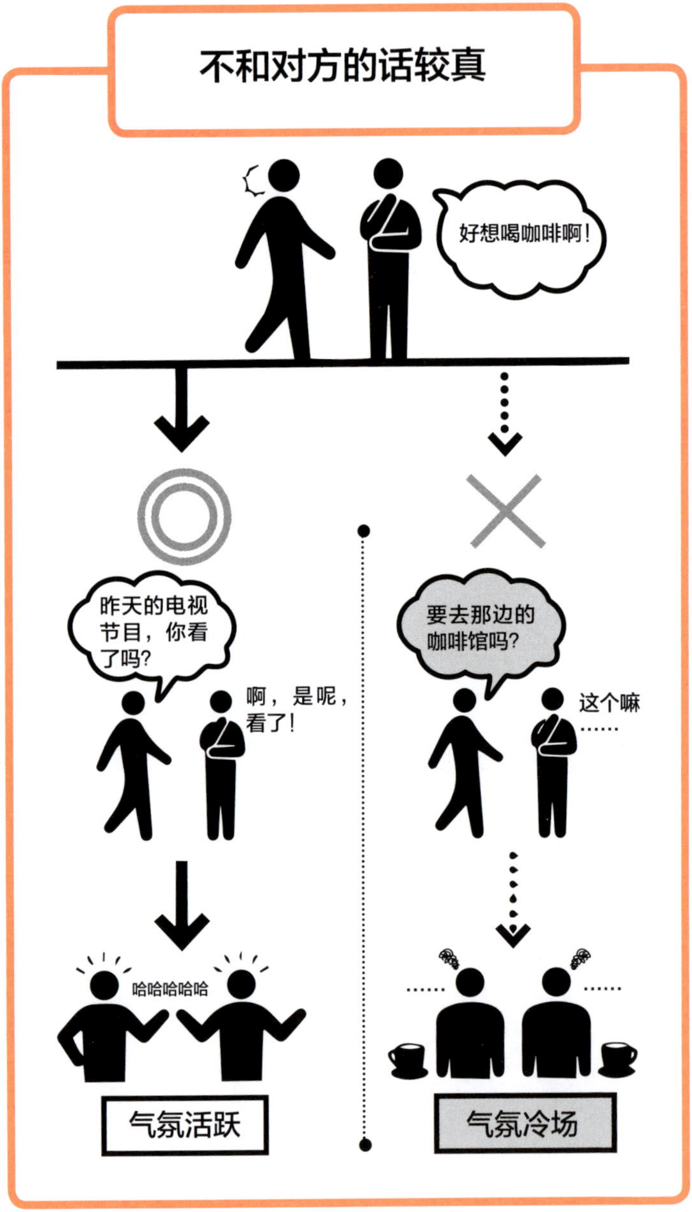

不和对方的话较真

好想喝咖啡啊!

◎

昨天的电视节目，你看了吗?

啊，是呢，看了!

哈哈哈哈哈

气氛活跃

×

要去那边的咖啡馆吗?

这个嘛……

……

……

气氛冷场

闲聊时，听话听“一半”

小学的时候，大家应该都被教导过：“要认真听对方讲话。”当然，在创意企划、商谈等正式场合，必须要一字一句地认真听对方讲话，千万不能有遗漏。在学校的课堂上，也要认真听讲。

但是，**在闲聊时，对方的话只听一半，聊天氛围才会更热烈。**

不，甚至不听对方在说什么，反而刚刚好。

“SMAP的新歌真不错啊！”当有人提起这个话题的时候，有人会认真回应这个话题，问道：“是吗？那首新歌叫什么名字啊？”

“SMAP的新歌真不错啊！”“不过我喜欢呢！”回答毫不相关的话题，暂且算得上是正确回答。

“SMAP的新歌真不错啊！”“我肚子饿了——”作为闲聊而言，这句话可谓是非常正确的回应。

回答“哎？”的人更擅长闲聊

男性在不知不觉间，就想要认真回应对方的话，想要回答有意义的话。如果对方没有认真听自己说话，就会非常生气地怒吼：“你给我好好听着！”

闲聊高手中，有很多原本就不听对方讲话的人，所以总是在重复问对方：“哎？你刚才说什么？”

搭讪高手岛村先生曾经有过如下对话，持续了1分钟以上：

“请问涉谷Hikarie在哪儿？”

“啊，在那边呀！”

“哎？不好意思，我没有听见。请问在哪儿呢？”

“啊，在那边呀，那里写着Hikarie呢！”

“啊，刚才走神了，没有听清。请问是哪儿来着？”

最开始我以为他是故意这么做的，后来才明白他原本就是不会认真听对方讲话的性格。正因为没有认真听对方说话，才成为了聊天高手。比起认真听对方讲话，不听对方说话反倒使彼此之间对话的来往次数更多，最终成功地缩短了彼此之间的距离。

One-Minute Tips for Effective Chatting

闲聊原则 4：不对对方的话作“评价”

“我喜欢吃蛋糕！”“卡路里太高了，会胖的！”这样回答的话，会令对方讨厌。因为你对对方说的话作出了评价。不管对方说了什么，如果你对他的话作出了OK或NG的判断，那你可能就会被讨厌。

闲聊时，对于对方说的话，不能作评价。

当对方说“我喜欢某明星”时，不管你说“我也喜欢”还是说“我很讨厌”，都是在对对方的话作判断，都是不可取的。

闲聊时，不能说“喜欢”或“讨厌”。

可能有人会觉得，如果自己说讨厌的话意见也许就会对立，所以如果说自己也喜欢的话，也许能够获得对方共鸣。如果是大家都认同的事情，当然没问题。天气好的时候，你说“真是个好天气”，会引起对方共鸣。

但是，对于某个偶像的喜好，有人喜欢有人讨厌，所以不管是赞成的意见还是反对的意见，都不能说。

“我喜欢那个偶像！”

“是嘛！我也喜欢呀！”

“啊，不好意思，我故意骗你的。其实，我真的很讨厌那个明星！”

这种怪僻的情况也是存在的。

如果认真接受对方所说的话，就会陷入这种圈套，彼此之间的关系反倒会变差。

“我真的好喜欢那个偶像啊！”“你吃不吃法式薄饼？法式薄饼哦！”这样回答的话，就能与对方建立起良好的关系。

闲聊时不要说“喜欢”或“讨厌”

“我喜欢那个人。”“我喜欢吃那个。”将这种个人喜好作为交谈话题并非好事。因为不管什么事物，都存在支持派与反对派。当对方觉得“这个人和我不一样”的瞬间，你与对方的距离就越来越远了。

“我喜欢棒球！”

“我也是！我也是！我超级喜欢巨人队！”

“哎？我是中日龙队的球迷……”

“啊，这样的话我们没办法一起去给球队加油了呢。”

“是呢……”

虽然存在都喜欢棒球这一共同爱好，但是就因为彼

此支持的球队不同，对方就有可能会认为你们“一辈子也做不成朋友”。

“我是美食家，特别喜欢吃东西。”

“我也是呀！我超级喜欢吃烤肉！”

“哎？我喜欢法国餐厅。”

“啊，那没办法同行了呢。”

“是呢……”就会变成这种结果。

在你说出喜欢或讨厌的瞬间，就有可能与对方产生分歧。

“喜欢这个”“不喜欢那个”这种话不能作为闲聊的话题。虽然有人觉得：“我想通过选择YES或NO来表达自己的意见，也想让彼此之间交换一下意见。”但是，这不是闲聊，而是变成了讨论。

为了缩短与对方之间的距离，一开始就应该明确地知道，关于喜好的问题一概不能涉及。

不要进行“对还是不对”的争辩

有人聊天时喜欢争论对还是错。**为了判断善恶而进行对话，就会变成无趣之人。**“消费税应该再高一点啊！”“消费税应该取消啊！”谈论这种话题的话，不管最终结论是哪一个，对方都只会觉得：“和这个人说话真无聊啊，真是个无趣之人！”

大多数人都想说正确的言论，但是就算你说的话都是对的，如果很无聊的话也不会被人喜欢。

在猜谜节目中，比起猜对答案的嘉宾，说错答案的嘉宾更受欢迎。“四字成语，一（）二（）中的（）应该填什么？”这个问题的正确答案是“一石二鸟”。如果回答“一泊二食”的话，肯定是错的。虽然谜语的答案猜错了，但是从“下期节目还会不会受到邀请”这个观点来看的话，回答“一泊二食”的人继续参加节目的可能性更大。

在闲聊时，要避开对还是不对这种话题。**闲聊的目标，是缩短与对方之间的距离。**

即使你说的话是对的，如果被对方觉得“难以靠近”，也是失败的。即使你说错了，但是对方觉得

“这个人真有趣啊！真想和他做朋友啊！”这样也是成功的。

就算你觉得自己是对的，也能够说服对方，但是如果引起对方反感的话，闲聊也就失去意义了。

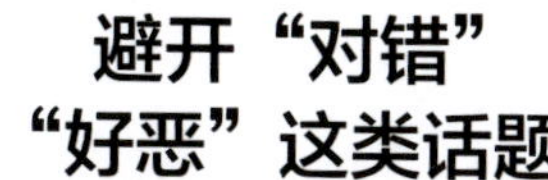

避开“对错”“好恶”这类话题

以“喜好”为话题

在说出“喜欢”或“讨厌”的瞬间，有可能就产生了分歧

以“对错”为话题

就算说对了，如果被对方觉得“难以靠近”也是失败的

第四章

向播音员学习闲聊技巧

One-Minute Tips for Effective Chatting

01

One-Minute Tips for Effective Chatting

“不被讨厌”是播音员的工作

身为播音员，让观众愿意听你讲话是非常有必要的。就算是播送新闻，如果观众觉得“这个人说的话，真是一句也不想听”，就会换台了。

“播音员生存的前提，就是100%不能被人讨厌”，我在新人时期就一直被灌输这种思想。

如果播音员说："我是巨人队的球迷。"那么，他就有可能被不是巨人队球迷的人讨厌。

如果某位播音员曾在公开场合表示自己是巨人队的球迷，那么在直播棒球比赛的时候，就有可能被别人误会，认为他"就算想要公平地解说这场比赛，也一定会不知不觉站在巨人队的立场上来解说"。

诚然，如果是日本电视台体系的播音员是巨人队的球迷，就算堂堂正正地公开表达也没有关系。因为它的总公司是《读卖新闻》。但是，日本电视台以外的播音员，如果公开支持自己喜爱的棒球队，并不会被看好。

有人会因为你说出的话喜欢你，也有人会因为你说出的话讨厌你，播音员通常会在脑海中时时刻刻谨记这一点，然后才会发言。就像作用与反作用的法则一样，如果你说喜欢某物，那么讨厌这个东西的人就会讨厌你。

如果你说"我喜欢阪神队"，那么你虽然能够引起阪神队球迷的共鸣，但是却有可能遭到巨人队球迷的反感。

播音员不轻易说“好恶”

我是出生在名古屋的中日龙队的球迷。从少年时代开始，我就一直买《中日龙月刊》，现在也会在比赛时站在左侧看台拿着喇叭为球队加油。

开始播音员的工作之后，上司曾对我这么说：“播音员是不可以说自己喜欢哪个球队的。如果非要说是哪个球队的球迷的话，就说是巨人队的球迷，这样赞同你的人才会很多。绝对不可以说是太平洋联盟①的球迷，因为这些广播听众原本就是一群只知道巨人队的人啊！”

如果你说“我是大羚羊队的球迷”“我是日本ham队的球迷”的话，对那些连这些球队名称都不知道的人来说，会把你看作不同世界的人，有可能会被他们讨厌。

在谈论喜好话题的时候，只有确定100%的人都会喜欢的情况下，才能说自己喜欢，对播音员来说这样才是明智之举。

我过去是在长野广播局工作，非常幸运的是，我可

① 太平洋联盟：Pacific League，日本职业棒球队。

以说自己是中日龙队的球迷。因为非常偶然地在长野县南部靠近爱知县一带，有很多中日龙队的球迷，所以我能够公开表示自己是中日龙队的球迷。如果我在青森县当播音员，或者在大阪当播音员的话，肯定不能说自己是中日龙队的球迷了！

关于喜好的话题，就是如此敏感。就算是著名的演员，如果想要公开表示自己是巨人队的球迷，也一定是在做好了在大阪的工作量会锐减这一心理准备的前提下，才敢公开声明自己是巨人队的球迷。

依照你的个性，如果是无论如何都不想隐藏的喜好，那么公开说出口也无可厚非。但是，**如果并没有达到非说不可这种程度的喜欢，还是不说为妙，这样才能得到更多人的喜爱。**

谈论“没人知道的事”会被讨厌

谈论没人知道的话题，会被对方讨厌。如果有人说“关于这个斐波那契数列[①]”，那么不知道斐波那契

① 斐波那契数列：连续两项之和等于次项的数列。

数列的人就会觉得："这个人是和我生活在不同世界的人啊！"

如果你是动漫迷，那么当有人说起动漫话题的时候，你就会产生同感，觉得这个人真不错。相反，如果你明明对动漫一无所知，对方却每天都和你说《神的世界》《魔法少女》什么的，你应该会想要和这个人保持距离。

人们通常会认为"谈论自己了解的话题的人=好人""谈论自己不知道的话题的人=与自己不是同一个世界的人"。**为了和对方缩短距离，要选择对方知道的话题。**

如果你觉得"这个人很讨厌"，那么这个人应该总是谈论你不知道的话题。如果你明明对股票一无所知，对方却总是说"今天的日经股加权指数是多少多少"的话，你对这个人的好感度应该就会下降了。如果你对韩国电视剧一无所知，而对方却只和你谈论韩国电视剧的话题，想来你对这个人也很难喜欢起来吧。

不去聊对方不知道的话题，而是选择对方熟知的事情，彼此才会建立起友好关系。不是谈论自己想要说的话题，而是**"谈论对方知道的话题"，这样才能提高与对方之间的亲密度。**

One-Minute Tips for Effective Chatting

谈论天气，是为了引起对方共鸣

闲聊时从**彼此都100%认同的事情开始交谈**，这一点至关重要。

我在新人播音员时期，非常讨厌谈论天气的话题，因为我觉得没有比谈论天气更没有意义的话题了。我觉得天气很好的话，特意将此作为交谈话题，不会产生任何利益，纯粹是浪费时间。下雨的话，带把伞不就行了，也说不出什么新花样。只有阴天不知道是否会下雨的时候，可以当个话题来说一说。

但是，上司却告诉我说：“播音员从天气的话题切入是最佳的选择。Opening Talk（开场白）时，要谈论天气话题！如果你说今天天气真好啊，听众也觉得天气很好，你的想法和他是一样的，就会对你这个播音员产生好感了。如果下雨的时候你说外面下雨了呢，听众会觉得你和他考虑的事情一样，就会觉得你是一个和他投缘的播音员。这和你喜不喜欢谈论天气没有关系，取得听众的好感才是播音员的工作，你也要全身心地投入工作，多聊天气！”

事实上，聊天气聊得越多，听众就越会觉得：“石井播音员就生活在我们身边，很多时候和我的想法一样啊！”这样就能获得他们的好感。**谈论天气这种没有实际意义的话题却能够获得别人的好感，反倒使之有了意义。**

引起共鸣，就能获得对方的亲近感

我担任播音员的时候，非常想做个性化的发言。因

为我认为当90%的人都说YES时，只有我说NO才能凸显个性。如果大家都说“晴天”，就算错了我也偏要说“雨天”，我就是这种类型的人。99个人都向右走时，唯一一个向左走的人就能取得成功，直到现在我的这种想法也仍未改变。

但是，如果目的是“获得对方的好感”，那就不一样了。

别人越觉得你的想法和他相同，就越能提升他对你的好感度。

身为作家，如果把和别人说的相同的话写进书里，就会被认为“抄袭”“没有个性”而被人们讨厌。作家要描绘的是“与他人所说的不同的世界”。

与此相对，作为播音员，越是谈论和大家想法相同的话题，观众就越会对其有亲近感，甚至成为忠实观众。播音员所处的世界需要“谈论与他人相同的想法”。

对方大概是怎么想的，你也要怎么说。为了让对方对你产生亲近感，就必须强调“我和你，是同类人”。

个性的发言，会获得10%的人喜爱，被90%的人讨厌，比起这么做，和大家说一样的话100%不会被讨厌，才符合闲聊的目的。闲聊时一旦被对方所厌恶，不论正题有多么正确，都不会被对方接受了。

闲聊时要拼命忍住自己真正想说的话，一定要努力去谈论对方100%会认同的话题。

谈论对方100%认同的话题

让对方觉得你们是同类人，就能提高对方对你的好感度

03

One-Minute Tips for Effective Chatting

说“违心之论”，反而被人喜欢

对方说：“我养了3只小狗呢！”如果你回答说：“我很讨厌动物呀！”那么你们之间的距离就会被拉大。但是你回答说：“真好啊！养狗的生活！”就算并不这么想，那么你就能够赢得对方的好感。

虽然内心不是真的这么认为，但是为了拉近彼此的距离，自然地撒个小谎。这种做法，在闲聊中很重要。

为了引起对方的共鸣，“舍弃原则”

就算我不喜欢养狗，但是当我和养狗的人聊天时，也会面不改色地说：“绝对是养狗的生活幸福啊！”如果对方说：“这样啊，我的狗刚生了小狗，你要养一只吗？”之类的话，虽然这会让你觉得麻烦，但是**瞬间回答出无伤大雅的“违心之论”，在闲聊中非常重要。**

如果有人问你：“你是喜欢养狗呢？还是喜欢养猫呢？”你该如何回答呢？在养狗的人面前回答“当然喜欢养狗”，在养猫的人面前回答“绝对是养猫好啊”！我明白你可能会说：“我可做不来这种没有原则的事情！”但是，为了获得对方的共鸣，无伤大雅地“舍弃原则”是很重要的。

闲聊时撒点小谎
也无可厚非

和喜爱养狗的人聊天

和喜爱养猫的人聊天

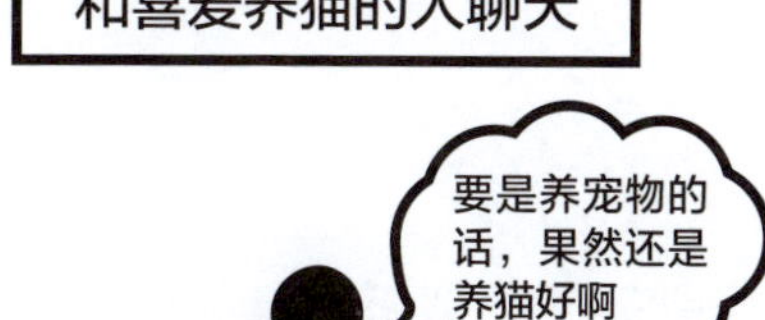

为了引起对方的共鸣，“舍弃原则”

One-Minute Tips for Effective Chatting

喜欢对方也喜欢的事物，好感倍增

上小学的时候，我取得了“剑玉一级”的资格证，因此我知道剑玉中所有招数的名称，其中对于“遨游宇宙”这一招有多难我深有体会。

有一次看电视时，正好看到搞笑艺人箕轮遥女士正在展示“遨游宇宙”这一招数。箕轮遥女士是剑玉三级。剑玉一级的资格还是很容易取得的，但是一级之后就变得格外难了。

“遨游宇宙”这一招我练了好几年，也只成功了一次，是非常难的一个招数。看到箕轮遥女士很轻松地完成这一招数，我想：“这个人一定非常努力！我一定要支持她！”然后就成了她的“粉丝”。

如果你喜欢剑玉，那么就会对“擅长剑玉的明星”产生好感。如果你是巨人队的球迷，那么你应该就不会讨厌“喜欢巨人队的明星”。就算是一位你之前并未在意过的明星，如果你知道了他和你毕业于同一个中学，在知道的一瞬间你就会对他有好感。

因此，为了让别人对你产生好感，对于对方喜欢的东西，你也说喜欢就可以了。

要想让养约克夏①的人喜欢你，你就也养一只约克夏，这样就能提高对方对你的好感度了。

要想让养土佐犬②的人喜欢你，你也去养一只土佐犬就是最佳之举。通过让对方觉得“和我一样”，你

① 约克夏（Yorkshire Terrier）：是一种小型的玩赏犬。原产英国，身材娇小，全身披绢状长毛。

② 土佐犬：土佐斗犬的别名。在日本土佐地区，以原有的中型斗犬品种四国犬与西洋犬交配改良而得的大型犬。

就能够让对方喜欢上你。

知道彼此付出了相同的时间，就会对你产生好感

仅仅是玩同一款游戏，就能让对方觉得你亲近。我喜欢玩“弹丸轮舞”这款游戏，玩了好几十个小时。这款游戏被搬上舞台的时候，我也是最先预约去观看。

“弹丸轮舞”变成舞台剧时，扮演恶首领江之岛盾子的是歌手神田沙也加[①]。观看《冰雪奇缘》时，她让我觉得：“唱功实在太好了！才华如此出众，真不愧是神田沙也加啊！和我真不同啊，真是遥不可及的存在！”

此时，我看到了有关神田沙也加的一次采访，她在采访中回答说：“我是‘弹丸轮舞’游戏的超级爱好者，一直想着如果能够有机会扮演江之岛盾子就太好了！”在那一瞬间，我就变成了神田沙也加的支持

---

① 神田沙也加：1986年10月1日出生于东京都世田谷区，日本女歌手、演员、声优，音乐组合TRUSTRICK的主唱。她是演员神田正辉和歌手松田圣子的女儿。

者。因为原本让我觉得遥不可及的人，竟然和我一样玩“弹丸轮舞”游戏，我们拥有着同样的几十个小时的游戏时间。

在此之前，我一直认为像神田沙也加这样才华如此出众的人，想要成为她的歌迷，实在是没什么意思。然而尽管如此，仅仅是得知她与自己拥有过相同的几十个小时的游戏时间，就让我觉得：“她一定能够理解我，而且我也一定能够理解她。”让我的态度发生了大转变，亲近感倍增。

仅仅是知道与对方都拥有过相同的一段时间经历，就能加深对对方的好感。

一般人都喜欢对相同事物有兴趣的人

我喜欢看韩国的历史剧，看过《李算》《善德女王》等20多部韩剧。一部电视剧，剧情长的就有80集，就相当于80个小时。因为都是长篇电视剧，所以对于那些同样爱看韩国历史剧的人，我觉得特别有亲近感。

其中，《朱蒙》是我看过的电视剧中最有意思的。

艺人中也有很多《朱蒙》的爱好者。在《朱蒙》的官方网站上，有很多艺人纷纷留言，赞赏不断，如“这部剧让我觉得自己就是为看它而生的！”“看这部剧是我目前人生中最快乐的事情！”

那么，为什么艺人会对这部电视剧有如此多的赞扬之声呢？当然有人会单纯因为感动吧。但是比这更重要的，难道不是因为大多数人都觉得“这个艺人和我一样看了80个小时啊！和我看同一部电视剧真令人感动啊！好有亲近感啊！我要做他的影迷！”

如果你是艺人的话，我想你应该也同样会这么认为吧！就算是自己以前从未留意过的艺人，仅仅是因为他也喜欢《朱蒙》，那么同样观看过这部电视剧的人一下子就会喜欢上这个艺人。

如果明白了彼此之间拥有共同的时间经历，马上就可以缩短与对方之间的距离。如此一来，如果你想和对方建立良好的关系，那么你就去做他付出时间所做的事情，然后再以此为话题就可以了。

05

One-Minute Tips for Effective Chatting

持续引起对方共鸣，缩短彼此的距离

选择闲聊话题时，你说："我在养狗呢！"如果对方养的不是狗而是猫的话，就会回答说："是嘛，我家里养着20只猫呢！"那么，你们之间的交谈也就到此为止了。对方会认为和你不是同一类人，而和你保持距离。

即使你们能够成为朋友，对方应该也会有"两个人

都不能去对方家玩，关系不能深入发展到那种地步”的想法浮现。

闲聊中非常重要的一点就是“引起共鸣”。

当对方向右走的时候，你也要往右转。如果对方向左转，你也要往左走，这样对方才会觉得能够和你成为朋友。通过连续不断地引起对方共鸣来缩短与对方之间的距离，从而建立亲密关系。

“我在养狗呢！”“我养的是猫。”

“我特别喜欢看韩剧！”“我从来不看。”

“我喜欢看棒球比赛！”“我连棒球规则都不知道。”如果持续这样的对话，对方应该就会觉得：“难道他很讨厌我吗？”

“我在养狗呢！”“我也是！”

“我喜欢看韩剧！”“我也是每周都看呢！”

“我喜欢去看棒球比赛！”“我也超级喜欢！”像这样不断地激发起对方的同感，你们就能变得更加亲近。

谈论“现在正在发生的事”，引发对方共鸣

人们最感兴趣的，就是“现在正在发生的事”。

“昨天怎么怎么了……”这种话题，是已经成为过去式的事情。

“奥林匹克运动会在哪一年举办”这种话题，是还未发生的未来之事。

比起这些，“你家附近现在着火啦”这种话题，应该会立刻吸引对方的注意力。

电视台的新闻，是按照重要程度来报道的。最早报道的新闻，称为“头条新闻”。各大电视台新闻部都在竞争，决定“拿什么来当头条新闻”，而不在意第二个要报道什么。考验新闻部能力如何，就是首先要报道什么。

作为头条新闻的标准有两条：

①重大事件。

②刚刚发生的事情。

“6年前有一起核爆炸事件。”很遗憾，这种新闻是不能成为头条新闻的。

“1小时前发生了一起五级地震，没有人员伤亡。”这种新闻可以成为头条新闻，因为这是刚刚发生的事情。

从重要程度上来说，2011年发生的核爆炸事故肯定重要。但是作为新闻而言，刚刚发生的事情新闻价值更高。

电视台头条新闻的选择之所以如此重要，是因为如果头条新闻能够引起观众的共鸣，那么观众就会收看接下来的新闻报道。

作为新闻而言，观众的收看尤为重要。新闻报道的存在，并不是为了改变世界，更甚者可以说新闻报道的现状就是只考虑提高当天的收视率。

即使你当初是抱着“通过新闻报道改变世界”的理想才投身电视台的，但是上司会教训你说：“你给我提高收视率！”慢慢地你也就变成了顺从的上班族。

我自己在刚进入电视台的时候，也曾说过：“为了让世界变得更美好，我要在新闻报道中传播正面新闻。”因为我觉得：“即使传播那些不幸的新闻，世

不谈过去与未来，只说现在发生之事

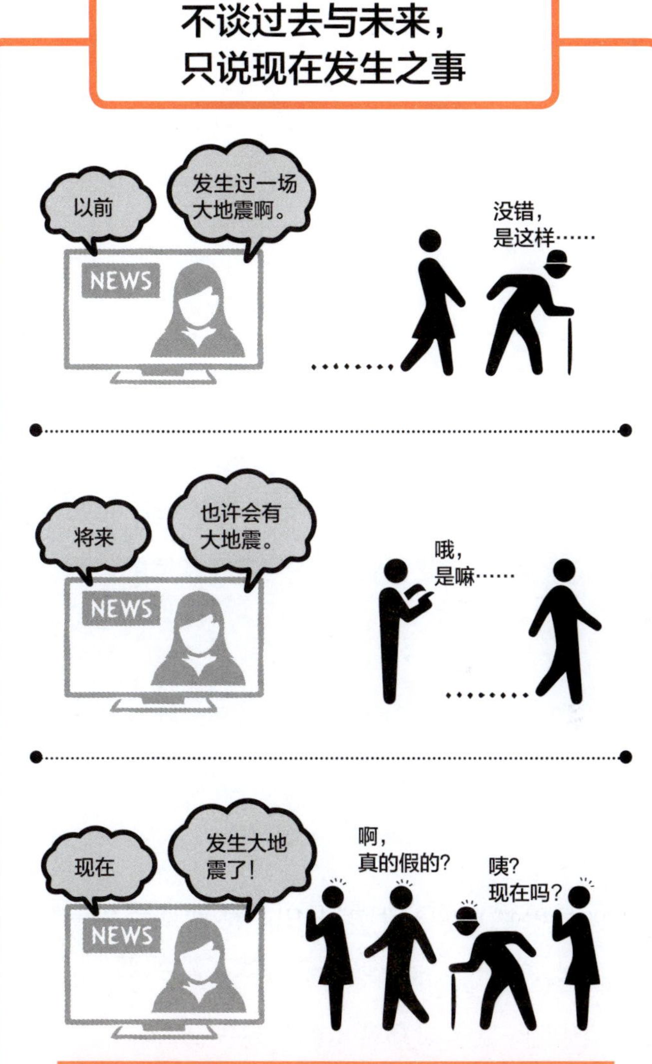

人们对“现在正在发生的事”极感兴趣

界也只会变得更坏，如果仅仅传播正面新闻，世界也许就会变得很美好了。”

然而，上司冷淡地拒绝了我，他说：“新闻报道不只是为了让世界更美好，而是让观众更全面地了解事情真相，同时也能提高每一天的收视率。”

我被灌输着这种观念。这种事，不管在哪个电视台都是一样的。说到底，提高当天的收视率是电视台最大的课题。

不去过多考虑事件的是与非，**把能够引起对方共鸣作为思考的标准，就是我曾经担任播音员的世界。**

谈论今日之事，是为了让对方听你说话

一旦播音员谈论过去发生的事情，听众就会觉得“这不是已经过去的事情了吗？和现在完全没有关系啊！”因此降低了对播音员的好感度。

一旦播音员谈论未来之事，听众就会觉得“你又不是预言家，净说些不确定的事，真不靠谱啊！”因此对播音员的印象就会变差。

反过来，如果播音员谈论天气或现在正在发生的事情，就能引起听众的共鸣，听众就会有想要听他说话的欲望。

如果一开始不能引发听众共鸣，那么不管你接下来说什么大家都不会去听了。如果某个播音员之前因酒驾而被处罚过，那么他报道“某艺人酒驾逃逸”这样的新闻，听众就会认为他没有资格谈论这件事。

先让观众和听众愿意听你说话，之后不管你报道的内容是什么，人们都会去听。所以，播音员为了获得听众的好感而拼命努力。

以前有一位报道阪神大地震的女主持人，因为穿着鲜艳导致观众的投诉蜂拥而至：“穿成这样简直岂有此理！”

虽然生活中也有人认为：“难道女主持人不就应该穿着鲜亮吗？”但是，穿着朴素一些，不被讨厌，才是上上之策。话虽这么说，但是也有很多人认为“主持人就应该板板正正地穿西装”，所以一定要留意着

装，做到穿戴正式的同时保持朴素。

不被非议的同时展现个性，正是播音员所追求的目标。

06

One-Minute Tips for Effective Chatting

比起"说什么"，"谁说"更重要

①你非常讨厌的人在说重要的事。

②你特别喜欢的偶像在说无关紧要的事。

在这两个选项中，应该很多人会选择第二种情况。

很多人在与人交谈时，都在苦恼："说点什么好

呢？”正确的答案是：**“只要对方喜欢你，不管你说什么他都爱听。”**闲聊的目的就是“在聊完之后，不管自己说什么，对方都愿意相信我”。

完全不闲聊，一上来就直接问对方：“你买保险吗？”谁也不会买的。建立起友好关系，聊天聊到兴起时顺势说：“说起来，我手头有一个还不错的保险项目呢！”对方购买保险的可能性就会大一些。

“只要商品好的话，向消费者介绍一下他们就会购买”，这种想法大错特错。如果是自己信赖的人在卖东西，那么差不多的东西都会被买下来。如果是自己讨厌的人在卖东西，那么即使是必需品，也不想买了。

上厕所出现“没纸啦”这种紧急情况时，如果是自己不喜欢的人递来纸巾，也会有抵触心理。通过闲聊，缩短彼此之间的距离，就能够让对方觉得：“如果是这个人说的话，不管什么内容都想听听呢！”

我经常会思考，作为播音员，应该如何让素未谋面的人们愿意信赖你呢？

做街头访问的时候也是如此，如果是自己信赖的主持人，人们就会很高兴地回答问题；如果是自己讨厌

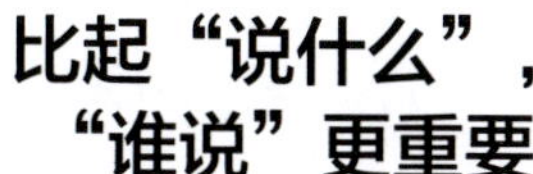

比起“说什么”，“谁说”更重要

1 开始闲聊

2 缩短距离

3 不管说什么都爱听

人们愿意听自己有好感的人说话

的主持人，人们就不想开口。比起说什么，**为了让自己成为不管说什么人们都爱听的人，闲聊的作用不可忽视。**

第五章

产生信赖感的应和技巧

01

One-Minute Tips for Effective Chatting

想获得对方信赖，就要不断应和

“初次见面，我叫田中。”

“……”

“今天天气真好啊！”

“……”

如果像这样不说话的话，对话就无法进行了。如果不应和对方，就会让对方觉得“是不是讨厌我啊”，你们之间的距离就会疏远。

为了缩短与对方之间的距离，必须回应对方。

有人苦恼于不善言辞，但是**即使不善言辞，也有可能成为回应对方的天才。**

“哈哈哈，然后呢？”像这样应和对方的话，对方就会觉得“他对我说的事情很感兴趣”，从而获得对方的好感。

闲聊时，如果能够产生双方都觉得对方“人不错、值得信赖”这种氛围的话，就成功了。如果让对方觉得你“这个人真讨厌啊”，那么闲聊就失败了。

不必争强好胜地去说些特别有意思的事，只要笑呵呵地简单回应对方的话，闲聊就能够展开。

要想获得对方信赖，就要不断地回应对方。

对话的发言率，对方90%，你10%就OK

如果很会回应的话，对方也会很容易聊下去。

“聊天时，自己必须不停地说话。”这种想法千万要不得。

交谈中的主导地位，不是你占九成、对方占一成，而是对方90%，你10%就OK了。一旦你觉得自己要不停地多说，就有可能会让对方觉得“这个人口才真好啊！完全说不过他啊！”

闲聊的目的，并不是让你通过说话使自己的心情变好，而是要通过闲聊让对方对你产生好感，达到让对方觉得不管你说什么他都愿意倾听的目标。

说到底，不要从你的角度，而是从对方的立场去考虑问题。越是想“实现自我主张”就越会被对方讨厌。因为对方的想法是：“希望你能理解我。首先，我想和理解我的人聊天。”克制住让对方倾听自己意见的冲动，对对方说的话适时回应附和，更容易让对方喜欢。

闲聊，就要有“牺牲自我”、让自己归零的观念，

这样才恰到好处。

大声重复对方所说的话

有人觉得："虽说要回应附和，可我不知道应该怎么做啊？"这种时候，只要将**对方所说的话，大声重复一遍就可以了。**

"今天天气真好啊！""天气真好啊！"

"巨人队赢了！""巨人队赢啦！"像这样大声重复对方所说的话。

但是，如果对方说的事自己不知道，应该怎么办呢？对于不知道的事情应声附和，有人可能会有抵抗心理。那么这种时候，在应和对方说的话之后，告诉对方你并不了解。

"巨人队赢了！"

"巨人队赢了啊！但我还没在网上看详细情况呢！"这样回答就可以了。这样一来，会变得如何呢？

"巨人队赢了！"

“巨人队赢了啊！但我还没在网上看详细情况呢！”

“5比0完胜哟！”像这样，**如果你不知道的话，对方就会告诉你。**

因为完全不了解所以不去回应对方，这样做事不可取。**就算是完全不知道的事情，也要回应对方。**这样一来，对方就可以轻松地和你谈论这个话题了。

“宝塚非常有趣啊！”

“宝塚非常有趣呢！但是不知道现在正在上演什么？”

“现在在演《伊丽莎白》呢！”对话就会变成这样。

并不是100%不了解就不去回应对方的话，而是正因为不知道，才更要不断回应对方的话，这样你们之间的关系反而能够越来越融洽。

不知所措时，重复对方的话来回应

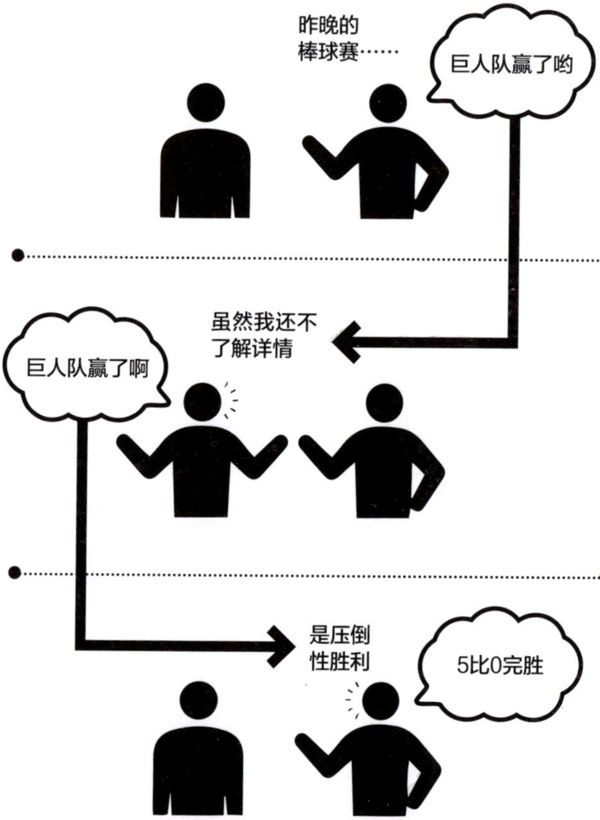

昨晚的棒球赛……

巨人队赢了哟

虽然我还不了解详情

巨人队赢了啊

是压倒性胜利

5比0完胜

即使不知道，只要应和对方的话，对方就会补充说明

02

One-Minute Tips for Effective Chatting

“回应”热烈的人更容易获得信赖

当对方说：“今天真是个好天气啊！”有以下两种回应方式，哪一个人会获得更多的好感呢？

①对，是呢！

②哎呀，天气真是太好了！心情真好啊！

当然是后者更能让对方觉得你非常喜欢他。回应热烈的人更能获得对方的好感。

就算你觉得“今天天气也没有格外好到哪里去”，也去热烈地回应对方吧！因为这和你究竟怎么想，完全没有关系。比这更重要的是，**要想让对方对你有好感，就舍弃自己的“一切主张”吧！**

如果对方说喜欢小狗，就算你不喜欢小狗也要回答说：“小狗太好了啊！喜欢小狗的你怎么这样可爱啊！ ”回应时，要稍微夸张一点。

大部分的人在回应时，都没有什么感情的起伏。人们会先冷静地判断对方所说的话，如果自己也这样想就回应YES；如果自己想法不同，就回应NO。但是这样是不可取的，对于对方说的话，要稍微夸张一点地全部回应YES。

为对方点燃的话题添一把柴火，就是热情回应。即使对方谈论的话题非常无聊，你也不能拿灭火器去灭火。而是要不断地肯定、点头、热情回应，这样才能缩短与对方之间的距离。

对于稀松平常的事，也要夸张地复述

造型师森井良行先生是热情回应的天才。我所有的服装搭配，都是委托给森井先生来做的。他对人的回应首先会特别夸张，就算是我在小酒馆随意点菜时，他也会非常热烈地回应我。

“来杯啤酒！”

“啤酒——”像这样，我只是说了句“来杯啤酒”，他就会大声叫嚷“啤酒”两个字。

只要有他在，大家的情绪就会特别高涨，团队看起来非常团结，引得周围的人对我们频频瞩目。

“前段时间，有个联谊……”

“联谊——”仅仅是像这样回应别人的话，气氛就变得很欢快了。

回应别人时，能带动气氛是很重要的。

“前段时间，有个联谊……”“嗯，有联谊啊。”

“前段时间，有个联谊……”“联谊——”比起前者平淡的回应，后者的回应更能使氛围热烈起来。

就算联谊原本很无聊，但是通过森井先生热情的回应，联谊似乎也变成了一件非常有意思的事，让人改写了过去的回忆。

仅仅大声复述，就能不被讨厌

森井先生说的话，总是些没有什么用的话。虽然说的都是完全没有实际意义的事情，等你回过神来的时候却发现时间已经过了一两个小时了。

“啊？刚才都聊了点什么来着？”就算试着去回想，因为都是完全没有意义的话，所以也想不起来了。

“这次，我又要出本书了呢！”

“啊？又出书啊！”

“是关于闲聊的书。”

“闲聊？”

“森井先生，您很擅长闲聊呢！”

“啊？我很擅长吗？”

“因为你能一直不断地说没意义的话啊！”

“还真是呢！”像这样，不知不觉一个小时就过去了。

基本上，他并不会提供什么有益的信息，仅仅是不停地大声回应罢了。如果要说有实际意义的话，就会产生YES或NO这种对立的意见。但是，森井先生仅仅是大声重复对方所说的话而已。正是因为如此，他为2000多名顾客挑选服饰却从没有被任何一个人反感过，如今已经是一个从业生涯长达10年的造型师了。

辅以动作和手势的夸张回应

“啊？真的吗？”仅仅是嘴上这么说的话，不能表达出震惊之情。身体向后一仰，双手向上一举，然后嘴里说：“啊？真的吗？”这样做才能更好地传递出大吃一惊的心情。使用动作、手势的话，交谈的双方都能够感受到热烈的氛围。

应该有很多人一开始会对这种夸张的回应抱有抵触心理吧。说实在的，这只有经过训练才能做到，需要故意地、有意识地去训练如何夸张地表现吃惊。要让

朋友看着自己表演，然后询问朋友的意见，除了这种演技训练一样的练习之外别无他法。

平时自己一个人对夸张回应别人这种事是非常抵触的。不妨放松心情，自己先试着练习一下如何夸张回应，听听朋友的意见也是好的。

实际上，有时候尝试夸张回应别人时，仅仅只有身体动作和手势，面部表情却十分僵硬。所以要**一边注意面部表情，一边配合身体动作和手势去大声地回应。**

03

One-Minute Tips for Effective Chatting

比起“真的吗？”，不如说“骗人的吧！”

“真的吗？”这样回应的话，会让对方有些不快。特别是对有一定年纪的人，千万不能问“真的吗？”因为对方会认为：“你以为我说的不是真事吗？”从而心情不好。

可以放心地问二三十岁的人“是真的吗？”但是这种语言表达对有一定年纪的人来说，是特别难以接受的

表达方式。有时候他们觉得“真的吗？”这种问法一开始就是在怀疑自己的品性，虽然你并没有恶意，但是却会让对方觉得不快，所以这种回答是不可取的。

相比之下，对有一定年纪的人可以说：“应该是骗人的，对不对？”对同龄人或晚辈可以说：“骗人的吧！”这样更容易拉近彼此之间的距离。

“昨天，我中彩票啦！”“真的吗？”

“昨天，我中彩票啦！”“你应该是骗人的，对不对？”比起前者，后者的回答更能继续聊下去。

“昨天，我中彩票啦！”“真的吗？”“不是，不好意思，我骗你的。”（失望）

“昨天，我中彩票啦！”“你应该是骗人的，对不对？”“不是，实际上呢，哈哈，就是骗你的！”比起前者，后者的回应更能活跃聊天气氛。

所有意见都持肯定态度的人，就能受人喜爱

参加选举的候选人，最高兴的事情就是众人对他呼

喊：“加油！支持你！”

那么，这些人真的都支持他吗？其实不然。不管是哪个候选人，很多人都会对他们呼喊：“加油啊！”

他们只是说出了对方想让他们说的话而已。其实很多人的真心话可能会是：“候选人什么的，都差不多了。”但是，其中有些人却愿意说出对方想听他们说的话。

如果平时就能做到不管对什么意见都持肯定态度，那么你就能受到很多人喜欢。

第六章

轻松获得对方信任的共鸣技巧

One-Minute Tips for Effective Chatting

只需三个共同点，就能成为“命中注定”之人

闲聊的前提是谈论“无关之事”（不是共同点M点而是C点），但是在闲聊的过程中也会偶然发现彼此之间存在共同点。这样一来，闲聊就是成功的。如果能够进一步发现三个以上的共同点，闲聊就能够大获成功。

彼此之间存在的共同点越多，人们就越容易感觉到对方是“命中注定”之人。这种感觉对存在两个共同点的人胜过一个共同点的人，对拥有三个共同点的人胜过两个共同点的人。

闲聊时，如果偶然之间发现对方和你喜欢同一个偶像、来自同一个地方、拥有相同爱好的话，之后不管你们聊什么都会很开心。

假如你喜欢槙原敬之、来自名古屋、是中日龙队的球迷，如果有一个人和你一样，你可能就会感觉到这是命运的安排。

有人在SNS的兴趣小组相遇，聊天时又发现双方毕业于同一所中学、现在的住所又非常近，不禁感到对方就是自己命中注定之人，然后携手步入了婚姻殿堂。

闲聊的目的并不是确认对方和自己是不同的人。闲聊时如果能发现三个与对方的共同点，就会让对方感到你是他命中注定会相遇的人。

让对方感叹三次以上“我也是”，闲聊就成功了

电影《冰雪奇缘》中，有一个情节是主人公安娜与名为汉斯的男子在相遇当天就决定结婚。

当时两人曾一同歌唱二重唱《爱就像大门开》，即使是在歌中，汉斯的回应也全都在表示同感。每次不管安娜说什么，汉斯都会回应说：“我也是这么想的！”以此成功地拉近了与安娜之间的距离。

“你喜欢什么？”

“三明治！”

“和我一样啊！”像这样的对话，也出现在歌中。

汉斯基本上并未说什么有实际意义的话，并没有去畅想“今后这个国家的前景会变得如何”这种话题。他说的全都是没有实际意义、无关紧要的话，仅仅通过“我也是”这句话就获得了安娜的信任，相识一天之内就许下了结婚的誓言。

认真考虑一下就会发现，仅仅是喜欢吃同一种食物，是无法同安娜结婚并统治一个国家的。但是，汉斯通过共鸣成功地让安娜觉得他是自己“命中注定”

之人。正因为汉斯是闲聊高手，所以才成功地博取了安娜的欢心。

这样说来，只要你也能成为闲聊达人，就可以让对方喜欢上你。**闲聊拥有一天之内让对方决心嫁给你的威力。**

02

One-Minute Tips for Effective Chatting

无共同点时，引起“共鸣”即可

“原来如此！只要说我也一样，就能成为闲聊高手了！”有人可能会这么想吧！虽然话说得没错，但是在现实中往往很难找到真正的共同点。

假如你是男性，对方是女性的话，对方说：“我是女生。”你是无法回答说“我也一样”的。

像出生地这种与生俱来无法改变的事情，双方不一样的情况很多。那么，与对方存在明显不同时应该怎么办呢？此时只要让对方产生共鸣就可以了。

“我出生在名古屋。”

“那里的米粉糕①很好吃啊！”你这样回答的话，**对方就能感觉到：“他是在肯定我说的话啊！”**

不是绞尽脑汁地去寻找生硬的共同点，而是轻松惬意地吸引对方产生共鸣，这样闲聊氛围才会更热络。

如果与对方存在不同，寻找共同之处

对方喜欢职业摔跤，即使你喜欢的是空手道，你也可以说：“我们一样啊！我也是格斗项目的粉丝啊！”如果你大谈特谈空手道的优秀之处，会让对方觉得“他和我不一样”。但是，不管是职业摔跤也好空手道也好，都属于格斗技巧，所以在这个范畴里可以说两者是相同的，这样就能让对方产生同感。

---

① 米粉糕：非常有名的名古屋特产。

就算对方喜欢读小说，你喜欢看漫画，双方在“喜欢读书”这一点是没有区别的。只要你回应说：“我也特别喜欢看书啊！”就能够缩短你们之间的距离。

有人会认为：“话虽这么说，但是说与对方不同的话是一种自我主张。如果没有自己的主张，就无法展现个性了。”这种想法大错特错。

个性不是刻意表现出来的，而是自然地流露。认为不坚持自我主张就会没有个性的人，原本就没有什么个性。通过引起对方共鸣，让对方觉得你是一个有趣的人，自然地就能展现出你的个性。

就算隐藏自己的想法也必须要让对方产生同感，这样你的个性就会不断得到磨练。

方向一致，就容易找到共鸣点

有时也会出现这种情况：“和这个人之间找不到共同点啊！该怎么办呢？不管是出生地、职业，还是兴趣都完全不相同，但是好想和他关系亲近些啊！”此时，只要意识到对方希望的“兴趣倾向”，就能够很容易地找到共鸣点。

无共同点时，引起“共鸣”即可

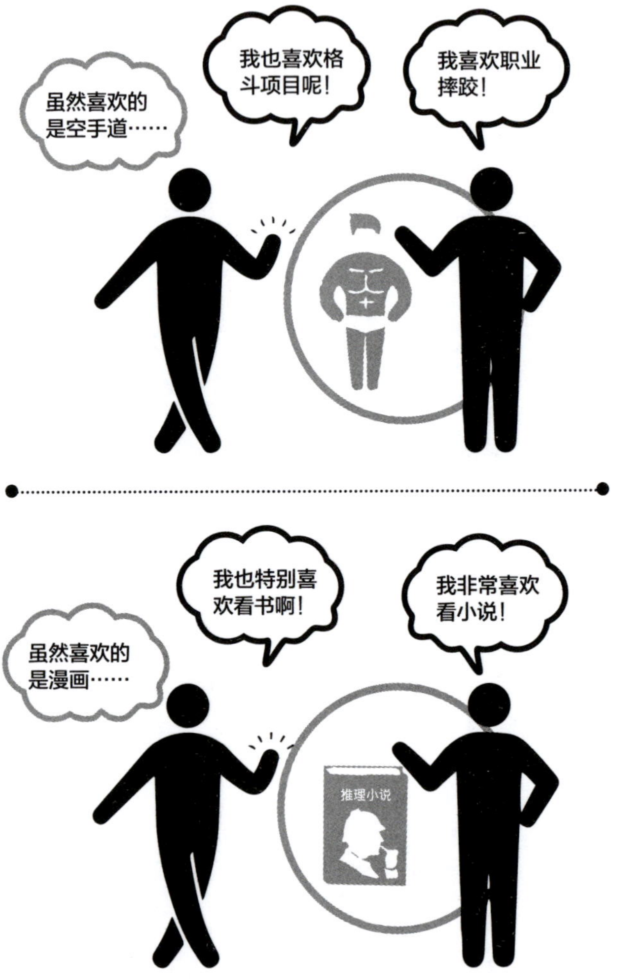

如果是男性的话，很可能希望自己“受欢迎”。如果有人对他说：“下次有联谊的话，可以约你一起去吗？”他就会觉得：“这个人真不错啊！”持有这种想法的男性应该有很多。

女性有三大爱好：①打扮（美容）；②恋爱；③占卜。

对打扮不感兴趣、对恋爱话题不热衷、对占卜也没兴趣的女性，几乎不存在。这样一来，只要谈论服务好的美容店、有效果的化妆品等相关话题，就很容易获得对方共鸣。

当你苦于找不到和对方的共同点时，不妨将对话转向对方也许会感兴趣的领域，这样对方就会打开话匣子侃侃而谈了。

抚养孩子的妈妈可能会在寻找：“有什么适合孩子玩耍的好去处呢？”此时，如果你说：“我知道一个又便宜又好玩的儿童游乐场哟！”对话就会热烈起来。

寻找结婚对象的女性可能在考虑：“难道就没有适合我的好男人吗？”此时，如果你对她说：“我认识一个不错的男人，你想见见吗？”她一定会兴奋地回

应你说："真的吗？你好神啊！"

如果没有共同话题的话，将聊天的方向与对方的兴趣倾向相契合，也能够缩短彼此之间的距离。

03

One-Minute Tips for Effective Chatting

说不出有趣的话，就期待对方吐槽

有人觉得："一定要说点什么有趣的事。"如果有人对你说："你来说点比明石家秋刀鱼更好笑的事！"假如你能做到的话，应该早就出道成为大明星了。

想要一直说有趣的事，是很困难的。即便是专业的

艺人，说有趣的话题也并非易事。因此，对你而言，努力做到“就算说些无聊的话也能让对方发笑”才是上上之策。

出现在电视里的艺人中，有人属于“无趣艺人”这个范畴。虽然有一个以“无趣艺人专集”为题的电视节目，但是其中有一个艺人说：“一定要说话，说什么都可以，只要等着很会说话的人接招就可以了。”可能有人会质疑：“这种做法对专业艺人来说不可行吧？”但这却是一种优秀的艺术表演风格。

对话，是一种交流。什么都不说的话，对话就无法开始。**就算你说了些无聊的事，只要对方说出的话很有趣，对话也会变得有趣起来。**与其仅靠自己说些有趣的事来撑起对话，倒不如将错就错，因为“和不同的人聊天，状况就会不同，就算我说话无趣，如果对方对此却不吐槽，不能接有趣的话，那就有问题了”。

当你不必主动谈论有意思的话题，而是被动接话时，你的个性就显现出来了。

闲聊时比起赢过对方，搞好关系更重要

有人觉得“我总是不太能肯定对方，如果这样做的话，就感觉自己输了”。有些人很喜欢让别人肯定自己，但是自己如果肯定别人的话就输了。

比如当丈夫说“这道菜真好吃”时，有的妻子认为如果自己也说“我也觉得好吃”，自己就输了。

闲聊的目的，并不是驳倒对方。之所以闲聊，是为了赢得对方的好感。

在塔罗牌中，有一张名为“力量”（strength）的卡片。在这张卡片上，描绘着一个正在安抚狮子的女人，表示“温柔才是胜利”之意。

当狮子出现在眼前的时候，如果持剑将其砍倒，也能赢得胜利。但是，通过驯服狮子让它变得友好，避免狮子的攻击，也是一种胜利啊。如果通过搏斗打倒狮子的话，自己也有受伤的危险，就算打倒了狮子，它的尸体躺在地上，感觉也会很糟吧。如此一来，通过安抚狮子不必杀生就解决了问题，这种成功难道不是更胜一筹吗？塔罗牌中的“力量”卡上，所描绘的不是阳刚的力量，而是温柔的力量，真是意味深长啊！

对话时也有人想要驳倒对方，很容易认为只要赢得辩论，就赢了对方。最终，赢了争论却被对方所讨厌。**比起胜过对方，搞好关系才是目的所在，才叫闲聊。**学会以柔克刚，这就是闲聊。

04

One-Minute Tips for Effective Chatting

与对方保持方向一致，是维持良好关系的秘诀

无论对方是多么好的伴侣，如果彼此前进的方向不同，最终可能就会导致离婚。

以前，我曾经遇到过一位女性，她因为“丈夫过于痴迷小熊布偶而离婚”，据说在结婚时，从他老家寄来了20个纸箱，里面装的全部都是小熊布偶。

他的兴趣是“把现有的小熊布偶全部收集起来”。家里堆满了小熊布偶，而且他把零用钱全都花在了购买小熊布偶上，是一个彻头彻尾的小熊布偶痴迷者。只要找到了新出的小熊布偶，就会毫不犹豫地买下来。睡觉时也不与妻子共枕，而是自己抱着小熊布偶睡觉，就这样持续了多年的无性婚姻。

“因为丈夫过于痴迷小熊布偶，所以离婚了。”这位女性说，这种话真的很难说出口，就如同“痴迷巨人队”“痴迷韩剧”等不能成为离婚的理由一样，如果仅仅是因为兴趣不同就离婚的话，那么大部分的夫妻都要离婚了。

她下定决心离婚的理由是：“因为我们前进的方向差距真的太大了。”

不管你和公司老板的关系有多好，如果你们前进的方向不一致的话，你可能也会从公司辞职。**无论时间长短，尽可能保持前进方向一致，对于保持良好的关系至关重要。**

人们认为和自己价值观相同的人“能够理解自己”，并会喜欢上对方。所以，你可以和对方看同一部电影、一起打游戏，通过增加这种共同经历让对方认为你们的价值观是相同的。

如果对方说喜欢看漫画，那么你和他一起看漫画，慢慢地你们之间的共同点就会不断增多，彼此的关系也会越来越好。

如果对方问你假期安排，就用“反问”作答

相亲聚会上，经常有人问：“休息日你都会做什么呢？”你的真实想法可能是：“也没有什么特定的活动啊！每次休息日的活动都不一样啊！”

事实上，对方问你休息时做什么，是想通过这个问题了解你们的价值观是否一致。千万不能回答“看电影”“购物”等看起来很受欢迎的事。

如果你这样回答的话，就有可能产生分歧。

“看电影。”“我不一样。”

“购物。”“我不一样。”会出现这种情况。**当对方询问你假期活动安排时，必胜的回答是反问回去，询问对方“你都做点什么呢？”**

“看电影。”“我也是。”

“购物。”“我也是。”这种回答才是正确的。这样一来，命中的概率就几乎接近100%了。

假如对方说“放假的时候，我去放养鲑鱼”“我会攀岩，去一些悬崖峭壁”“我每个周末都去爬富士山”等非常少见的情况时，你不必说“我也一样”，而是说“真棒啊”，表达自己非常肯定对方就好了。

因此，**当有人问你休息日的活动安排时，你只要反问对方就可以了。**

第七章

职场上的“1分钟聊天术”

One-Minute Tips for Effective Chatting

One-Minute Tips for Effective Chatting

闲聊能力是职场的加分项

有人认为："只要商品好就能畅销。"其实不然。因为现实中，人们的想法是："如果是自己信赖的人卖的东西，什么都会买；如果是自己讨厌的人卖的东西，什么也不会买。"销售额与商品质量无关，而是根据销售人员人格魅力的不同而发生变化。

当然，价格低廉的商品与销售人员的人格没有关系。顾客买纸尿裤与纸尿裤公司老板的人格无关，仅

仅是因为孩子需要“尿不湿”，所以才会购买。

买卫生纸时，也不会有人先考虑卫生纸公司老板的人格再去购买。而是通过卫生纸的包装，觉得“看起来质量不错”才去购买。

对于不能直观看到的商品，在顾客买人之前是无法了解其品质的。如推销培训课程，因为看不到具体内容，所以从谁手里买入就变得非常重要。如果这个人是自己信赖的人，你才会付钱。

比如保险，外行人很难理解商品的内容，所以很多时候人们都是通过认识的人，感觉对方不会欺骗自己，就买了。

没有人会在买“尿不湿”时，先和收银员闲聊一下，聊得开心了再买。有和收银员闲聊的时间，还不如早早结账走人。**对于无法直观看到的商品，在销售之前，必须先展示出“我是值得信赖的人”。**

“向谁买”比“买什么”更重要

做生意就是讲信用。人们之所以会购买大公司的商品，是因为信任。人们会默认为：“这么大的公司，应该不会偷工减料。”所以大公司十分受益。

作为个人要想取得别人的信任，不可或缺的就是闲聊。如果闲聊很有趣的话，就会让对方觉得：“这个人真不错，要是这个人卖的东西，我什么都愿意买。”如果闲聊很无趣的话，就会让对方觉得：“这个人卖的东西也一定很无聊。”

就算你是一个对待工作认认真真、一丝不苟的人，如果说话无聊，对方就会觉得你卖的东西也很无聊。

在商业往来中，如果不会闲聊，就有可能错失很多好机会。

①附有专业鉴定师出具鉴定书的不知名化妆品。

②影视明星代言“快来抢购”的化妆品。

如果有以上两种图片，从理论上来说，第一种更好是显而易见的。但是事实上，很多人购买的却是第二种。

闲聊是一种能够引起动机的方式。如果对方愿意听你说话，那么对方就会听你聊正事。第二种的明星推销，已经充分引起顾客的购买动机了。

闲聊就像是第一次海选。如果不能通过第一场海选，就无法继续前行。如果你拥有优秀的商品，又能掌握闲聊的方法，业绩就一定能得到有效提升。

02

One-Minute Tips for Effective Chatting

不会闲聊的人，无法产生好的创意

那些觉得自己有绝佳创意的人，大多数情况下只有一个创意。

其实，计划A不行就换计划B，计划B不行就换计划C，只要预先准备好就可以了。

“当然只有计划A能被采用，因为这个计划是最优

秀的。”我理解这种心情。但是，如果固执地坚持一个想法不肯退让的话，就会让人觉得你是一个不知变通的人。

在闲聊过程中，人们能够了解对方是不是懂得灵活变通的人。大家认为能够海阔天空欢快闲聊的人，就算最初想出的创意很无趣，以后也可能会变成有意思的创意。

假设A创意能得5分，B创意能得2分，那么在这种情况下，人们很容易认为A会被采用。那么接下来这种情况如何呢？

①A创意第二天还是原封不动地能得5分。

②B创意经过第二天的改良可以得8分。

在这种情形下，估计B创意更优秀。

闲聊的力量，是将无意义的话题变得有趣。只要具备这种能力，对方就会相信你最初提出的这个创意在一天后、一周后、一个月后会变得越来越有意思。

不会闲聊的人，会被别人认为是不知变通、没有发展的人；**擅长闲聊的人，则会被人们认为懂得灵活变通、具有发展空间。**

筋疲力尽之时，好创意自会涌现

当我谈完正事，在回家的电梯里，脑海中总会涌现出好的创意。我经常在自己家中和编辑商量接下来要出版什么书，等商量完坐电梯的同时我突然会想起某个很不错的创意，这个时候涌现的创意大多都采用了。

讨论正题的时候已经用尽浑身解数，**在筋疲力尽之后的闲聊，反倒会有好的创意降临。**闲聊，并不仅仅是在进入正题之前才有。在讨论完正题之后，也要泰然自若地聊一聊。

进入正题之前的闲聊很轻松，谈论正题时很紧张，临走之时的闲聊又会变得很轻松。就像三明治一样，在谈论正题之前与之后，都有闲聊。

进入正题之前的闲聊，目的是要让别人觉得“想从你这儿买东西”；结束后在电梯里的闲聊，是要让别人主动再多买一项商品。

在谈论正题时，只要卖出一项商品，内心的喜悦就是一倍；如果谈论完正题之后，通过闲聊再多卖出一项商品的话，喜悦就会变成两倍。

比起正式的企划展示，休息时的闲聊更能决定胜负

闲聊，相当于职业摔跤的场外混战。比起拳击场上的战斗，场外挥舞着管子、椅子的打斗应该更有看头。职业摔跤比赛的胜负，是在四四方方的拳击场上决定的。但是，观众是否乐在其中，决定输赢的却是场外的打斗。

商业场合也是一样，人们很容易认为企划书的好坏决定了该企划是否能被采用。在正式场合，有时也不得不这么做吧。但是，休息时在洗手间闲聊产生的创意，有时也会被采用。

选举也是如此。无论你在台上说了多么精彩的话，可能都不会影响实际的投票行为，反而从演讲台上下来，在现实中与大家握手、闲聊，更能让大家愿意投票给你。

大家不一定因为提倡的政策好才投票给这个候选人，而是对其涌现出了亲近感，所以才投票给他。在我参加选举时，曾有人对我说："这次我没有投票给石井先生您，之所以如此，是因为您从来没有去过我居住的车站附近。在那儿碰巧有一个候选人和我握了手，所以我就投票给他了。”决定你能够赢得选票的，不是政策，而是握手。

企划方案能否被采用也是如此，最终起决定作用的可能不是企划的展示，而很有可能是洗手间里的闲聊。擅长闲聊的人，就是擅长在场外一决胜负。

闲聊高手
就是创意达人

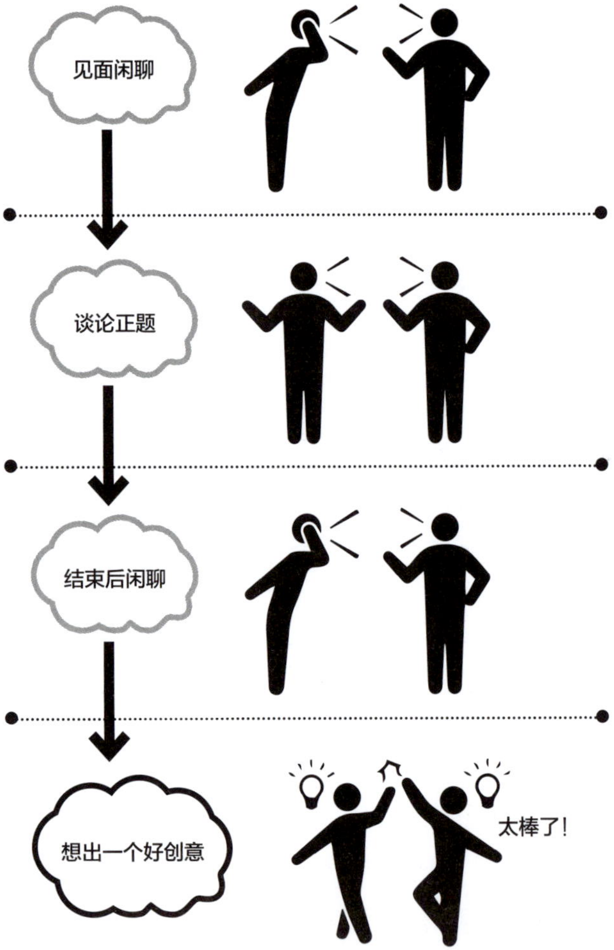

见面闲聊

↓

谈论正题

↓

结束后闲聊

↓

想出一个好创意

太棒了！

One-Minute Tips for Effective Chatting

闲聊的话题源自现实生活

在商业场合，如果和别人谈论今天报纸所写的事情，将媒体信息作为闲聊话题的话，就会让别人觉得你是个无趣的人。因为这是看报纸的人全都知道的信息。

“为了积累闲聊的话题，去上网搜索一下吧！”这么想的话也很无趣。“朋友的朋友”这种话题，又会变成道听途说的事情。比起这些，将生活中你的亲身经历作为闲聊话题是最佳之选。不是说“我朋友去过

那家店”，而是说“我去过那家店”，这样的闲聊才更吸引人。

比起“我朋友参加了选举”，“我前段时间参加了选举”更能激发别人听你说话的欲望。**把从他人那里听来的事情当作闲聊话题，通常都会变得无聊。**

同一种食物，是产地直销，还是从产地经由某处再销售，大多数人更想品尝前者。直接从北海道收割的玉米，和从北海道收割之后出口菲律宾然后到达东京的玉米，人们应该会觉得前者的吸引力更大。

闲聊的话题也是如此，不要选择报纸记载、网络刊登的事情，而是要以自己亲身经历的事情作为话题，这样人们才会觉得你是一个工作能力很强的人。因为人们认为“你是一个能够深入实地去调查的人”。

对方想要询问的，并非是你用网络引擎搜索的事情，而是想知道你实际体验过的事物。

One-Minute Tips for Effective Chatting

切身体验优于脑中想法

“关于这件事，我是这么想的。”像这样谈论自己正在思考的事情，是不适合当作闲聊话题的。

因为这样一来，会有人“赞成这个想法”，也会有人表示“反对”，于是就有了赞成与反对的区别。如果将此作为闲聊话题的话，引起共鸣的概率就变成了50%，不被认同的概率也变成了50%。通常而言，闲聊时必须100%激发起对方的共鸣。

因此，不要谈论“你是如何想的”，而是将“你最近做过的事情”作为闲聊话题。

“前段时间我去买家具了。”当你这么说时，首先对方不会提出“骗人的吧！你不可能买家具。”这种反对意见。是的，**你的切身经历，能够100%引导对方表示YES。**

当你说：“我前段时间买了件冬大衣。”对方不可能反驳你说：“绝对是骗人的。”

如果你说的是“我想下次应该去北海道”这种意见的话，对方可能首先心里会觉得“咦？要是已经决定了就去，要是不喜欢就不去，不就行了吗？问别人干吗？”然后对话就这样无以为继了。

如果你说的是“前段时间我去了北海道”这种实际经历的话，对方就会问：“哦，你去了哪儿呢？”然后和你兴致勃勃地聊起天来。

仅仅是将自己的切身体验作为闲聊话题，就可以引起对方的兴趣，然后不断被你调动起聊天兴致来。

你的实际体验，能够产生共鸣。

从切身体验中寻找聊天话题

朋友的信息

二手信息不会让人感兴趣

本人的信息

一手信息让人产生兴趣

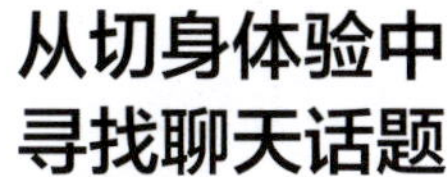

比起自我主张，不如倾听对方意见

有人觉得：“我想表达自己的意见。如果让对方觉得我是个没有想法的人，那生意就失败了。”

完全没有这种事。

“能够耐心倾听对方意见的人”才会获得信任，成为商场的赢家。

你应该会觉得将自己的意见强加于人的人“令人讨厌”，但是又认为“不能没有自己的主张”。明明知道这样做令人生厌，却又偏偏去成为这种人，那就得不偿失了。

商业往来中，尊重对方非常重要。

如果你一味陈述自己的想法，就会让对方觉得你在轻视他。如果你耐心倾听对方的意见，仅仅做到这一点，就会让对方觉得你人不错，从而获得他的信任。

不是说“让我来告诉你”，而询问“您觉得如何呢”。适当消除自己的存在感，更重视对方的谈话，才能让工作顺利展开。

不管是对客户、谈判对手，还是同事，都要如此。

闲聊时，谈论无意义的话题是十分必要的。实际内容归零，也至关重要。有意义的话，让对方来说就好了。如何通过没有实际意义的话让气氛活跃起来呢？能够说无意义的话、创造快乐气氛的人，就能在商场上取得成功。

1分钟超强聊天术：

1分钟内拉近彼此关系的聊天策略，跟任何人都能聊得来

后记

无意义的闲聊，才最有意义

一般都认为，从A地点到B地点，直线是最短距离。

从逻辑理论上看，确实如此。但是，这里却遗漏了“速度”的概念。慢悠悠地按照最短距离前进，与快速绕道冲刺前进相比的话，快速前进能够更快地到达。

那么，要想以更快的速度到达B地点，应该怎么做

呢？以超光速瞬间移动就好了。就像哆啦A梦的“任意门”一样，一瞬间就能到达那个地点，速度最快。

例如，“请让我按顺序来为您介绍这款商品的5个特征：

1.质量优良，不易损坏。

2.专利产品，本公司独有。

3.有5年保修期。

4.价格便宜。

5.现在购买还有优惠赠品。

您觉得怎么样呢？”

像这样step by step（一步接一步地）介绍商品的优点，是销售的一种手段。很多人觉得这才是从A地点到B地点的最短距离。

但是，闲聊就像是超光速。在无关紧要地闲聊1分钟之后，即使不特意去介绍商品，只需要说：“对了，要不要买这个商品呢？”对方就会回答说：“好呀！是你推荐的，我就买。”最终结果都是成交，没有发生变化，但这样是更快的。

想和女孩交往时，你说：

“首先请允许我自我介绍一下，我是这样一个人。”

“下次我们一起吃饭吧！”

“接下来我们去酒吧聊会天吧！”

即使像这样按部就班地进行，对方也不一定会喜欢上你。

比起这么做，不如开心地闲聊之后直接问对方：“能和我交往吗？”“好啊，可以啊！”这样反而更快。

闲聊，就是说些和对方无关的、没有意义的话。但是，要想缩短与对方之间的距离，闲聊是最有效的手段。

①1个小时都在谈论有意义的话题，但是彼此间的距离依然遥远。

②1分钟毫无意义的闲聊，却能够拉近彼此间的距离。

在这两个选项中，相信你会毫不犹豫地选择后者。这就是让聊天变得得心应手的秘诀。

乍一看，闲聊也许会让人觉得是没用的行为。但是，看似绕远实为最近路径者，就是闲聊。聊些毫无意义的话题，对你而言反倒是最有意义的事情。

石井贵士

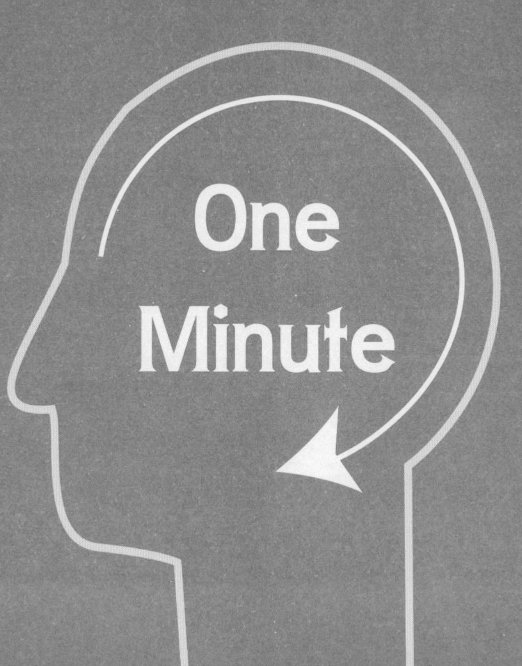
One
Minute

One
Minute